**Réflexions
sur l'école sénégalaise**

Points de vue
Collection dirigée par Denis Pryen

Dernières parutions

TOMPTE-TOM Enoch, *Comprendre la violence en République centrafricaine*, 2019.
SHANDA TONME, *Femme, maternité et préjudices sociétaux. Anthropologie des souffrances féminines. Segments d'autobiographie*, 2018.
Clotaire SAULET SURUNGBA, *La centrafricanité, antidote à la crise*, 2018.
Jean Clair MATONDO, *Congo. Toujours les mêmes*, 2018.
SHANDA TONME, SINDJOUN POKAM, Thomas TCHATCHOUA & Anselme NZOKO, *L'Université des Montagnes poursuit son chemin*, 2018.
SHANDA TONME, *L'obsession du complot bamiléké. Ma rencontre avec Jean Fochivé. Mémoire des années de braise au Cameroun. Fragments d'autobiographie politique*, 2018.
Salah EL GHARBI, *La « Cause palestinienne », cette malédiction arabe*, 2018.
Venant Fali NGALIKPIMA, *Cinquante-six ans après, que reste-t-il de Patrice Emery Lumumba ?*, 2017.
Flory E. KABONGO KAPENDA, L'échec du paradigme de l'État moderne en RDC Le projet d'un pacte social, 2017.
Augustin RAMAZANI BISHWENDE, *La démocratie doit s'inventer en Afrique*, 2017.
Augustin RAMAZANI BISHWENDE, *Le Kivu balkanisé, Miroir d'une mondialisation mafieuse*, 2017.
Paulin HOUNSOUNON-TOLIN, *Droits de l'homme et droits de la femme, Regard historique, philosophique et politique ou évidence d'une secondarité, Nouvelle édition*, 2017.
Alphonse NDJATE OMANYONDO N'KOY, *L'audace congolaise. Perspectives à partir de l'élection de 2006 en RDC*, 2017.
Laurent LWANGA FALAY, *La pensée du philosophe Kä Mana. Redynamiser l'imaginaire africain*, 2017.
Noël Bertrand BOUNDZANGA, *Le Gabon, une démocratie meurtrière*, 2016.

Cheikh FAM

Réflexions
sur l'école sénégalaise

© L'Harmattan, 2019
5-7, rue de l'École-Polytechnique, 75005 Paris

http://www.editions-harmattan.fr

ISBN : 978-2-343-16598-1
EAN : 9782343165981

DEDICACE

Comme pour le premier et assurément pour tous les autres qui suivront, je dédie ce livre à ma très chère Mère.

REMERCIEMENTS

Aux collègues enseignants, du primaire à l'université, qui se sont prêtés à nos questions et à tous ceux qui nous ont gratifié de témoignages très éclairants sur les principaux aspects qui ont été abordés dans ce livre.

Aux parents d'élèves, élèves et autres personnes ressources dont les avis riches et divers ont nourri nos réflexions.

A mon grand ami M. Moustapha NDIAYE, brillant professeur d'Histoire et de Géographie, actuellement animateur de l'émission éducative « Daara dji » à la radio communautaire de Richard-Toll, pour la contribution significative à la rédaction de cet ouvrage.

A mon cher frère, M. Aly Ngouille SARR, chef de l'Agence Richard-Toll de la Banque de l'Habitat du Sénégal (BHS), dont le soutien a été déterminant dans la réalisation du projet d'édition.

SOMMAIRE

AVANT-PROPOS 13

CHAPITRE 1
L'éducation au Sénégal :
entre adaptations, crises et réformes 15

CHAPITRE 2
Regard critique sur l'enseignement de la science 47

CHAPITRE 3
Pistes d'actions 77

REFERENCES BIBLIOGRAPHIQUES 103
ANNEXES 105

AVANT-PROPOS

L'école de qualité pour tous et par tous que nous appelons de nos vœux doit d'abord être l'école de la sérénité. Les grèves récurrentes des enseignants, les menaces et sanctions du ministère et le discrédit de l'image de la fonction enseignante sont autant de manifestations d'une violence qui s'installe à l'école et qui constitue le problème le plus grave auquel la communauté éducative doit faire face aujourd'hui.

Cette violence n'est pas une fatalité et il faut rappeler à qui veut l'entendre que l'école sénégalaise n'est la propriété d'aucun professionnel, si respectable et compétent soit-il. Elle n'appartient à personne, ou plutôt elle appartient à tout le monde.

Au moment où notre école expérimente l'approche par compétences à travers la réforme dite du curriculum de l'éducation de base, il s'avère crucial, en se fondant sur les expériences de terrain, de travailler à concilier les exigences – exigences de résultats pour les uns et de meilleures conditions de travail pour les autres – en vue de répondre aux grands défis de l'école d'aujourd'hui et de demain.

Une équipe éducative soudée, un travail sérieux avec les élèves sur les règlements intérieurs, une coopération accrue et confiante avec les collectivités locales, la réaffirmation et le respect des prérogatives dévolues à chaque protagoniste (ministère, syndicats, élèves, parents et partenaires) sont les facettes d'une seule et même ambition : restaurer la discipline, la sérénité et la confiance dans l'espace scolaire.

Nous estimons que nous ne pouvons plus nous contenter d'une à deux journées de débat annuel à l'Assemblée nationale sur le budget du ministère de l'Education : l'intérêt général – nous avons tous l'école en partage — commande que les questions d'école soient largement et régulièrement débattues pour prévenir les tensions, désamorcer les malentendus ou résoudre les conflits. Cela nous semble d'autant plus souhaitable que la pensée sur l'état de l'école déborde les clivages politiques ou partisans.

L'Auteur

Chapitre 1

L'éducation au Sénégal : entre adaptations, crises et réformes

De l'époque coloniale à l'indépendance : une histoire d'adaptation

En 1900, le congrès international de sociologie coloniale, organisé dans le cadre de l'Exposition universelle tenue cette année-là, donne lieu à un rapport qui souligne la nécessité d'adapter l'enseignement aux différentes sociétés autochtones[1].

En pleine Première Guerre mondiale, le livre de Georges HARDY, « *Une conquête morale* », est un véritable plaidoyer pour l'adaptation de l'enseignement aux populations africaines. Inspecteur général de l'enseignement en AOF de 1912 à 1919, il affirme :

> « Nous ne tenons pas – on ne saurait trop le préciser – à ce que l'école s'oppose au village et apparaisse aux habitants comme une importation ; nous voulons l'insinuer dans les cœurs indigènes, la

---

[1] Congrès international de sociologie coloniale. Rapports et procès-verbaux des séances, Paris, 1901.

faire admettre comme une vieille institution à peine transformée. »² (G. HARDY, 1917 : 203-204)

Même si l'assimilation complète des programmes et des diplômes des colonies à ceux de la métropole n'est pas encore à l'ordre du jour, la nécessité d'adapter l'école au milieu local fait globalement consensus, malgré des différences entre les territoires.

En 1931, lors du congrès inter colonial de l'enseignement dans les colonies et les pays d'Outre-mer, organisé en parallèle à l'Exposition coloniale internationale de Vincennes et consacré à nouveau au thème de « l'adaptation »³, Georges HARDY, rapporteur général de séance et, par ailleurs, chef du cabinet du ministre de l'Instruction publique, tient un discours non moins explicite :

> « La France ne demande pas qu'on lui procure en série des contrefaçons d'Européens [...] Faites que chaque enfant né sous votre drapeau tout en restant homme de son continent, de son île, de sa nature soit un vrai Français de langue, d'esprit, de vocation. »⁴ (Denise BOUCHE, 1968 : 110-122)

---

² G. HARDY, Une conquête morale. L'enseignement en AOF, Paris, A. Colin, 1917, pp. 203-204 dans la réédition par L'Harmattan en 2005.

³ L'adaptation de l'enseignement dans les colonies », rapport du congrès inter colonial de l'enseignement dans les colonies et les pays d'Outre-mer, Paris, H. Didier, 1932. Ce congrès rassemble des membres des directions générales de l'Instruction publique de chaque colonie. Dans le discours d'ouverture, il est demandé à chaque participant de montrer en quoi, dans son territoire, il a su prendre la mesure des attentes populaires locales.

⁴ Cité par Denise BOUCHE, « Autrefois notre pays s'appelait la Gaule... Remarques sur l'adaptation de l'enseignement au Sénégal de 1817 à 1960 », Cahiers d'études africaines, 1968, vol. 8, n° 29, pp. 110-122.

Tous les rapports et travaux produits pendant l'entre-deux-guerres établissent une justification de l'action culturelle française en adéquation avec les spécificités locales. La politique scolaire coloniale est présentée comme étant soucieuse de cette fin et, à grand renfort de tableaux statistiques, les autorités scolaires entendent prouver les efforts consentis.

Depuis 1930, l'administration coloniale en AOF mène des réformes d'envergure qui visent à créer des écoles plus « adaptées » aux milieux ruraux africains. Ces réformes aboutissent notamment à la création des « écoles rurales »[5] qui se développent à travers l'AOF. Cependant, en 1944, ces innovations pédagogiques sont brutalement remises en cause par les organisateurs de la conférence de Brazzaville, estimant que la politique scolaire menée depuis 1930 a conduit à l'échec. La conférence de Brazzaville marque donc le début d'une nouvelle lutte pour définir la politique scolaire à mener en AOF. En effet, depuis sa création au début du siècle, le système scolaire en AOF a suscité toute une série de controverses opposant, le plus souvent, l'administration coloniale et les jeunes élites africaines formées dans les écoles coloniales dont bon nombre sont des instituteurs.

Dans son ouvrage *« Les instituteurs au Sénégal de 1903 à 1945 »,* le professeur Boubacar LY retrace l'évolution de l'institution scolaire en Afrique et surtout au Sénégal, en montrant le rôle joué et la place occupée par les institu-

---

[5] Voir L. Senghor, « Réflexions sur l'éducation africaine : l'école rurale populaire », *Paris-Dakar*, 9 janvier 1937. Voir aussi L. SENGHOR, « La résistance de la bourgeoisie sénégalaise à l'école rurale populaire », in *Congrès international de l'évolution culturelle*, pp. 40-44.

teurs dans son implantation et son développement. Le livre du professeur LY montre que la colonisation a formé, pour les besoins de son fonctionnement, des élites africaines en général et sénégalaises en particulier désignées souvent par le terme d'« évolués ». Parmi ces « évolués », les instituteurs ont constitué la catégorie la plus importante dans la mesure où ils ont eu à former tous les autres par la suite.

Ces élites réclament, en général, des programmes scolaires et des diplômes équivalents à ceux de la métropole, alors que les autorités coloniales cherchent au contraire à développer des écoles « adaptées » aux colonies. Mais les autorités françaises sont elles-mêmes souvent divisées, puisque certains administrateurs, directeurs d'école et instituteurs restent attachés aux normes scolaires métropolitaines tandis que d'autres préconisent la création d'écoles autonomes résolument tournées vers les réalités des colonies.

L'opposition des nouvelles élites africaines ainsi que les divergences de vues des autorités françaises, freinent « l'adaptation » de l'enseignement en AOF. Dans les milieux coloniaux, on dénonce souvent les conséquences d'un enseignement qui ne correspond pas aux vrais besoins des Africains. Les écoles sont accusées de produire des déracinés et des déclassés qui, en se détachant de leur société africaine d'origine, menacent l'ordre colonial. De telles critiques deviennent plus virulentes après la Première Guerre mondiale, à mesure que l'administration coloniale se détourne des politiques assimilationnistes.

Le congrès inter colonial de l'enseignement dans les colonies et les pays d'Outre-mer fait passer au premier plan le développement d'écoles coloniales « adaptées ». Cependant, si certaines parties de l'empire annoncent des progrès importants en matière d'éducation adaptée, le rapporteur[6] envoyé par Dakar déplore que les écoles en AOF continuent de s'inspirer trop directement des écoles primaires métropolitaines. Selon lui, l'enseignement dans les colonies ouest-africaines reste « trop livresque ».

Pourtant, cette situation évolue rapidement, puisque Jules BREVIE, gouverneur général de l'AOF à partir de 1930, annonce son intention de faire de la réforme scolaire une priorité. L'une des nombreuses réformes lancées par BREVIE et ses associés s'avère particulièrement décisive : l'invention des « écoles rurales »[7]. BREVIE établit les grandes lignes de ces écoles dès 1930 :

> « Cette école indigène, qu'il faudra voir un jour dans chaque groupe de villages, c'est l'école rurale affranchie des programmes ambitieux et scolaires, c'est une ferme et un atelier, un dispensaire et un champ d'expériences [...] c'est aux faits pratiques qu'il faudra s'attacher, à l'amélioration de la vie indigène sur place. Pour que l'indigène aille à l'école, il faut que l'école aille à l'indigène. »[8] (Discours prononcé en 1931)

Tout au long des années 1930, l'administration coloniale fait une publicité tapageuse en faveur de ce nouveau genre d'école qui est censé répondre concrètement aux besoins des paysans africains. Avec la mise en place des écoles rurales, l'AOF semble rattraper son retard en matière d'enseignement adapté. La plupart des administrateurs coloniaux finissent par y voir une solution

---

[6] Rapport du 3 juin 1949 de SENGHOR, grand conseiller de l'AOF, député du Sénégal.
[7] Les écoles rurales étaient aussi communément appelées « écoles populaires » ou « écoles rurales populaires ».
[8] Discours prononcé par J. *BREVIE*, gouverneur général de l'AOF à l'ouverture du *Congrès inter colonial en 1931/*

quasi définitive au problème de l'éducation dans les colonies africaines. Ces administrateurs sont donc choqués lorsque la conférence de Brazzaville rompt brutalement ce consensus en posant à nouveau la question de l'enseignement indigène. Entre 1944 et 1950, cette question suscite débats et tensions entre les principaux acteurs de la politique scolaire en AOF.

En 1937, se tient à Paris le congrès international de l'évolution culturelle des peuples coloniaux. L'objectif n'est plus tant de compter le nombre d'écoles et de discuter des contenus pédagogiques que d'approcher la dimension « morale » de l'entreprise et de produire « une sorte de résumé de l'action colonisatrice sur des esprits neufs »[9]. La parole est donnée à des Africains (Fily Dabo SISSOKO et Léopold Sédar SENGHOR[10]), à des personnalités comme l'ethnologue Denise PAULME, et une place non négligeable est faite à l'enseignement fémi-

---

[9] Rapport du Congrès international de l'évolution culturelle des peuples coloniaux, 26-27-28 septembre 1937, Paris, 1938, p. 6.
[10] SENGHOR publie « La condition de notre évolution : réforme de l'enseignement », *Condition humaine*, n° 1, 11 février 1948 ; « Réflexions sur l'éducation africaine : l'école rurale populaire », *Paris-Dakar*, 9 janvier 1937. Voir aussi L. SENGHOR, « La résistance de la bourgeoisie sénégalaise à l'école rurale populaire », *in Congrès international de l'évolution culturelle*, pp. 40-44. En développant ses arguments, Senghor avait voulu provoquer ses compatriotes au Sénégal et surtout les originaires des Quatre Communes qui, en tant que citoyens de la République française, avaient longtemps demandé l'introduction intégrale des normes scolaires métropolitaines. SENGHOR développa sa vision de la réforme scolaire dans le discours prononcé à la Chambre de Commerce de Dakar en septembre 1937. Relayé dans la presse locale, ce discours fut aussi publié plus tard sous le titre « Le Problème culturel en AOF », *in* L. SENGHOR, « *Liberté I : négritude et humanisme* », Paris, Le Seuil, 1964, pp. 11-21.

nin. Les contributions abordent des sujets variés qui concernent aussi bien la situation des femmes ou l'enseignement agricole que les relations que les Noirs entretiennent avec la culture[11].

Au lendemain de la Seconde Guerre mondiale, les questions éducatives font l'objet de développements dans les publications plus générales sur la colonisation. À cette époque, la fonction politique de domination par l'école est assumée par les autorités coloniales, mais elle se double d'une volonté culturelle de transformation et de modernisation des sociétés locales.

La fin des années 1950 marque un tournant. En AOF, dans un contexte de mobilisation politique contre la domination coloniale, des auteurs indigènes publient des articles qui mettent en question à la fois la pauvreté des réalisations en matière d'infrastructures et les effets culturellement dévastateurs de « l'école des Blancs ». La revue *Présence africaine* ouvre ses colonnes au Guinéen Ray AUTRA et à l'Ivoirien Bernard DADIE. La revue *Tam-Tam*, bulletin mensuel des étudiants catholiques africains en métropole, créée en 1952, consacre en 1955 un numéro de près de cent pages à la scolarisation en Afrique noire.

Du côté des anciens colonisés, est venu le temps des bilans, qui se prolonge au lendemain de l'indépendance

---

[11] Les articles traitent, par exemple, de « l'évolution de la femme indigène par l'école française », « l'évolution de la vie conjugale en Guinée française », « l'éducation agricole rurale et africaine », « la situation juridique de la femme indigène dans la boucle du Niger », « les Noirs et la culture », « la prétendue paresse du Noir d'Afrique », « l'enseignement et l'évolution sociale de Madagascar », « l'instruction publique à la Réunion », « l'enseignement en Guyane », « l'évolution culturelle du peuple guadeloupéen ».

politique par des publications comme celle d'Abdou MOUMOUNI en 1963 : bilan statistique de l'action scolaire française, « *L'éducation en Afrique* » est aussi une dénonciation virulente de la scolarisation telle qu'elle fut mise en œuvre dans les colonies. Selon MOUMOUNI, l'école coloniale a, bien entendu, connu des modifications, mais l'esprit, les objectifs et les intérêts qu'elle servait sont demeurés sensiblement les mêmes

De l'École coloniale à l'École nationale

A l'accession à l'indépendance politique, le Sénégal était doté, par l'ancienne puissance colonisatrice, d'un système d'éducation couvrant l'ensemble du territoire national. Ses différents ordres d'enseignement étaient relativement développés.

En 1960, le taux de scolarisation avait atteint 36 %, selon une étude de la Banque Mondiale (1984). Cependant, il n'avait pas alors été tenu compte que l'école coloniale servait des intérêts propres à la puissance colonisatrice. Il a donc manqué au début de l'indépendance une politique d'éducation qui définit de manière précise les finalités, les principes, les objectifs, les programmes, les horaires, les structures, les modes d'organisation, les examens, les concours et les diplômes de l'école sénégalaise nationale. Il manquait également un plan de développement de l'école déterminant, avec précision, les investissements à opérer, la carte scolaire à établir, les classes et écoles à créer et la formation des maîtres à assurer. Bref, tout comme le type d'école, le type d'homme et de femme à former n'avait pas été clairement défini.

Tout s'est passé comme si l'école ne devait pas évoluer. Les velléités d'adaptation de l'école coloniale qui ont jusqu'ici prévalu semblaient être définitivement révolues. Il a donc manqué une politique prospective. C'est pourquoi l'école a été considérée pendant cette période comme un appendice de l'école de France, reproduisant chaque année ses programmes et ses horaires, son organisation administrative et pédagogique, ses examens et ses concours.

Les deux seules actions importantes initiées entre 1963 et 1965 sont consécutives à la réunion tenue, en 1961 sous l'égide de l'UNESCO à Addis-Abeba en Éthiopie, par les ministres de l'éducation de l'Afrique indépendante et qui imposa une scolarisation universelle des enfants africains.

La première action a consisté à élaborer et à réaliser un vaste programme de constructions scolaires qui a permis la création de collèges d'enseignement général (CEG) dans toutes les capitales régionales et départementales.

Par la seconde action, l'État a fait recruter de jeunes enseignants de faible niveau de culture générale (5ème, 4ème et 3ème des collèges) et de qualification professionnelle insuffisante (formation pédagogique accélérée au cours d'un stage de 2 à 3 mois pendant les grandes vacances scolaires). Ces enseignants ont constitué, dans l'histoire de l'École sénégalaise, la génération des moniteurs d'enseignement.

Ces deux actions combinées ont eu pour effets : l'accroissement de la capacité d'accueil au niveau de l'enseignement moyen et donc l'accroissement des effectifs avec une progression notoire du taux de scolarisation de 1960 à 1970.

La réforme de 1971

Malgré l'augmentation sensible des effectifs conformément aux recommandations issues de la réunion d'Addis-Abeba, des dimensions essentielles de l'école étaient négligées ou ignorées. Il s'agit, entre autres, des finalités et des objectifs, des programmes et des contenus, des méthodes et de la formation pédagogique des maîtres. Aussi, la première exigence du mouvement contestataire[12] de mai et juin des années 1968 et 1969 fut-elle la réforme de l'école et des enseignements, de manière à adapter ceux-ci aux réalités nationales et africaines..

Contraintes de mettre en œuvre la réforme dont l'école avait besoin, les autorités découvrent diverses causes de blocage du système éducatif sénégalais. En effet, les résultats et les performances de l'école ne sont pas à la mesure des efforts fournis : un quart du budget national est consacré à l'éducation, à la formation et à la culture, mais au début de l'application du 3ème plan de développement économique et social, moins du tiers des enfants en âge scolaire entrent effectivement à l'école primaire. Des disparités profondes subsistent entre les régions et si, dans le Cap-Vert, le taux de scolarisation approche 60 %, dans les régions de Tambacounda et de Diourbel, il n'atteint pas 15

---

[12] Première communication en conseil de cabinet du ministre de l'Éducation nationale, le 11 février 1969 sur la réforme. Sur cette question, voir l'ouvrage d'Abdou SYLLA : « l'École sénégalaise en gestation. De la crise à la réforme. 1ère partie : la crise (1960-1980) ». Le ministre concluait ainsi sa première communication : « Ces indices, par leurs effets cumulés, éclairent déjà les raisons de l'existence, au niveau de nos zones urbaines, et spécialement au Cap-Vert, d'une masse considérable de jeunes désœuvrés de 14 à 18 ans, dont les réactions imprévisibles ont pu affecter l'équilibre et la progression harmonieuse de la société ».

%. Les redoublements atteignent des proportions alarmantes : le taux de redoublement s'élève à 17 % au primaire et avoisine 40 % au cours moyen. Depuis 1958, les effectifs de l'enseignement primaire ont progressé régulièrement et presque triplé tandis que le pourcentage d'admission à l'entrée en 6ème n'a cessé de décroître : de 39,2 % en 1961, if est passé à 17 % en 1967. Le maintien de ces deux tendances aura pour effet, à court terme, de jeter dans la rue des milliers de jeunes. L'accroissement des effectifs n'ayant pas été accompagné d'une augmentation correspondante des capacités d'accueil, il s'ensuit des effectifs pléthoriques dans les classes, des conditions de travail difficiles et des matériels didactiques insuffisants en quantité.

L'école n'ayant pas évolué au rythme des bouleversements sociopolitiques intervenus dans la société sénégalaise depuis l'indépendance, sa finalité ne correspond plus aux besoins nouveaux du développement : adéquation, efficacité, rendement, promotion collective et individuelle.

Outre ces raisons officielles de la dégradation de la situation, les enseignants ajoutent la dévalorisation de la fonction enseignante et la perte de prestige de l'enseignant, la dégradation des conditions d'exercice du métier (conditions matérielles, sociales et psychologiques, notamment), l'insuffisance de la formation pédagogique, les bouleversements des hiérarchies administratives et scolaires.

C'est dans ce contexte d'une école en crise que se sont produits les événements de mai et juin 1968. La grande réforme initiée — conçue par les techniciens de la Direction de la Recherche et de la Planification (DRP) dans le secret de leurs cabinets[13] — devait aboutir à la promulgation de la loi d'orientation de l'Éducation nationale, n° 71-036 du 3 juin 1971.

Selon les principes de cette loi d'orientation,

> « L'école réformée doit contribuer à élever le niveau culturel et technique des plus larges masses de la Nation ; à accroître le revenu national ; à abolir les inégalités léguées par la situation antérieure ; à promouvoir une plus riche contribution de la culture africaine à la civilisation universelle. » (Titre 1ᵉʳ, Article 1ᵉʳ)

Cette école doit donc apporter une meilleure contribution à la croissance économique du pays et accroître la rentabilité des investissements dans les limites des contraintes budgétaires, par une rationalisation des dépenses pour la formation. Elle doit désormais former des jeunes utiles à la Nation, préparés à s'insérer sans heurts dans les divers secteurs de la vie nationale ; des jeunes conscients des valeurs de la civilisation africaine et susceptibles de fournir leur apport dans les domaines de la science et de la technique. Enracinés, ils resteront cependant ouverts au monde extérieur et aux autres peuples selon les deux axes qui fondent toute notre éducation : l'enracinement et l'ouverture.

À cette fin, le contenu des enseignements (Titre 2, Article 6) devra se rapporter d'abord et en priorité au milieu naturel et social, c'est-à-dire à l'environnement immédiat. Dans cette perspective, les contenus de certaines disciplines seront « africanisés » et « nationalisés » : histoire, géographie, sciences naturelles et français. Ces disciplines accorderont une place de choix à l'étude de notre passé, du

---

[13] Une commission nationale chargée de la réforme des enseignements primaire, moyen et secondaire est créée par le décret n° 69-332 du 27 mars 1969.

milieu et de la littérature africaine et plus spécialement de la littérature sénégalaise. Il s'agit en priorité d'aider le jeune sénégalais à retrouver et à connaître les valeurs culturelles du monde noir et une part indissociable de son héritage culturel.

Le second moyen par lequel se réalisera l'enracinement sera l'introduction de (à) l'étude de nos langues nationales à l'école ; ce qui permettra d'aboutir à terme à un enseignement par nos langues nationales[14].

L'ouverture de l'élève (second axe de l'éducation) se réalisera au double niveau de la science et de la technique d'une part, et, d'autre part, des cultures non africaines et des langues étrangères qui seront toutes enseignées.

« L'enseignement est dispensé à des niveaux différents, en fonction de l'âge de l'enfant et du niveau de connaissances recherché. » (Titre 3, Articles 8 à 13)

Cette réforme de l'école comporte, comme innovation majeure, la création d'un enseignement moyen pratique (EMP) qui devait, en principe, accueillir 80 à 85 % des enfants scolarisés de l'enseignement élémentaire. Obligatoire pour tous les enfants ne poursuivant pas leurs études dans un établissement général ou technique, cet enseignement a pour objectifs de former, en cinq ans, des paysans d'avant-garde, pratiquant correctement les cultures vivrières et industrielles de leur région, en association avec l'élevage ainsi que les cultures maraîchères et fruitières, en vue de leur assurer une alimentation riche et équilibrée et des sources de revenus.

Un autre objectif de cet enseignement est de

---

[14] Ce projet d'introduction des langues nationales à l'école n'est, encore aujourd'hui, pas réalisé.

> « Former des pêcheurs, des éleveurs, des commerçants, des artisans et des ouvriers capables d'assimiler les techniques modernes et de rentabiliser leur métier ; des pères et des mères de famille avertis, participant à la production de biens et à la gestion du budget familial » (Loi 71-036, Article 11).

Expérimenté pendant plus d'une décennie dans plusieurs centres disséminés à travers le territoire national, mais décrié par les enseignants et les parents, l'enseignement moyen pratique n'a pas été généralisé et a fini par être abandonné.

La pédagogie de l'école réformée se proposera d'utiliser les méthodes actives, renonçant ainsi à l'encyclopédisme de l'école classique, de manière à donner à l'enfant les moyens d'apprendre à apprendre. Les caractéristiques de cette école rénovée peuvent donc se résumer ainsi :

> « Élever le niveau culturel de la population, former des hommes et des femmes libres, capables de créer les conditions de leur épanouissement à tous les niveaux, contribuer au développement de la science et de la technique, et apporter des solutions efficaces au problème du développement national ». (Loi 71-036, Titre I, Articles 2 à 5)

Cette école est démocratique, en tant qu'elle reconnaît le droit de tous à l'éducation et à la formation, et en tant qu'elle offre à tous des chances égales d'y accéder (elle est gratuite). Elle est par là même une école de masse.

Bien que laïque, elle encourage et soutient toute initiative privée, individuelle ou collective, concourant à la réalisation de sa mission.

Par sa vocation première, qui est l'enracinement, elle est une éducation africaine qui intègre en même temps les valeurs de civilisation universelle (ouverture). Elle offre enfin une éducation permanente.

Les États Généraux (EGEF) et la Commission Nationale de Réforme (CNREF)

Globalement, la loi d'orientation a été, selon divers témoignages, une bonne loi, et appliquée rigoureusement, elle devait permettre de faire de l'école sénégalaise une école nationale. Cependant, elle comportait des lacunes et des difficultés relevées officiellement par les autorités en charge du secteur de l'éducation. L'école sénégalaise n'avait toujours pas acquis sa souveraineté. Le médium d'enseignement tout comme le contenu de certaines disciplines renvoyait encore à l'école coloniale.

La prise de conscience de l'inadaptation de notre école ainsi que la convocation des États Généraux de l'Education et de la Formation (EGEF) sont consécutives à une année scolaire (1979-1980) particulièrement agitée, marquée par une grève du SUDES[15], aboutissement de plusieurs années (1976-1980) de luttes syndicales des enseignants. Suivie par plus de 70 % des enseignants, cette grève ouvrait un véritable conflit entre le gouvernement et le SUDES et jouera un rôle déterminant dans le développement de la crise de l'école : diverses sanctions étaient prises allant des mutations aux licenciements en passant par des rétentions de salaires.

---

[15] SUDES : Syndicat Unique et Démocratique des Enseignants du Sénégal. À la suite d'une profonde crise (1981-1984), ce Syndicat a éclaté, donnant naissance à l'Union Démocratique des Enseignants du Sénégal (UDEN).

> **Encadré 1 :**
> Dans une déclaration rendue publique en décembre 1980, le SUDES indiquait l'ampleur des sanctions qui se sont abattues sur ses militants entre juin et décembre 1980 :
> - 38 enseignants sont suspendus en juin 1980.
> - L'intégralité du salaire de 110 enseignants sera retenue en juillet et août.
> - 23 enseignants sont révoqués en septembre.
> - 38 enseignants sont suspendus en septembre.
> - 500 instituteurs sont affectés d'office en octobre.
> - 51 enseignants sont licenciés en octobre.
> - 200 professeurs sont mutés d'office en novembre et décembre.

L'opinion nationale s'émut de l'ampleur et de la gravité de ces mesures. Les autorités religieuses et les partis politiques comme la société civile appelèrent au dialogue et à la modération. Au même moment, des problèmes économiques graves se posaient à l'Etat du Sénégal. Ces difficultés ont été à l'origine de l'élaboration et de l'application, dès 1979, d'un plan de redressement économique et financier, suivi d'autres plans notamment la nouvelle politique agricole (1984), la nouvelle politique industrielle (1985), le plan d'ajustement structurel (1988).

Particulièrement difficile et agitée pour l'école, l'année 1980 sera aussi marquée par la succession politique à la tête de l'État. Cette succession se réalisait par le remplacement, dès le 31 décembre 1980, de Léopold Sédar SENGHOR par Abdou DIOUF. Et la première décision prise par le président DIOUF, lors de son premier message radiotélévisé à la Nation, le jeudi 1er janvier 1981, a été la convocation, le 28 janvier 1981, des EGEF.

Au bout de quatre journées de travaux, les EGEF devaient aboutir à la conception et à la définition d'une École nouvelle, nationale et sénégalaise, démocratique et populaire, laïque mais intégrant les dimensions spécifiques de notre réalité socioculturelle, notamment sa dimension religieuse.

Les conclusions et recommandations qui en ont résulté seront contenues dans l'allocution de clôture prononcée par le ministre de l'Éducation nationale :

> « L'école sénégalaise, telle qu'elle se dessine maintenant, est bien l'expression de la volonté nationale et non pas le produit de spéculations de quelques spécialistes, même si ces derniers ont amplement participé à son élaboration... Je voudrais dire combien nous avons été frappés par la profondeur et l'ardeur des discussions et combien nous avons apprécié la sincérité, la franchise, la loyauté des uns et des autres... Ce que j'appelle l'esprit des États Généraux, c'est-à-dire une volonté de recherche concertée, loyale et franche de solutions réalistes. Il y a lieu de s'en féliciter, grâce à vous, cet esprit de coopération et de sincérité qui n'exclut pas les divergences, a prévalu du début à la fin de nos travaux. Le gouvernement prend acte de toutes les propositions et réaffirme à la fois la spécificité de la fonction enseignante et l'impérieuse nécessité de la revaloriser. J'en prends ici l'engagement solennel ; rien de ce qui est possible ne sera épargné pour que l'enseignant retrouve sa dignité et son prestige. » (Voir « La voix de l'Éducateur », organe du SUDES, numéro spécial paru en février 1981)

Le gouvernement réaffirma, dès le mois de février 1981, à la suite des engagements pris par le ministre de l'Éducation nationale, sa volonté et sa détermination à appliquer et à exploiter *« loyalement et intelligemment »*[16] les résultats des EGEF. La Commission Nationale de Ré-

---

[16] Expression utilisée par le porte-parole du Gouvernement à la suite du premier conseil des ministres de la première semaine de février 1981, donc immédiatement après les ÉGEF.

forme de l'Éducation et de la Formation (CNREF) sera chargée de cette tâche[17].

En exploitant et en approfondissant, pendant quatre années, les conclusions des ÉGEF, la CNREF et ses commissaires ont étudié toutes les conditions et modalités pratiques de réalisation de l'école nouvelle dont les caractéristiques fondamentales et les innovations majeures la distinguent radicalement de l'école ancienne : l'ancienne était sélective et élitiste, la nouvelle doit être démocratique et de masse ; la première était extravertie et mimétique, en tant qu'appendice de l'école française, la seconde doit être nationale et africaine[18].

Pour être nationale, l'école nouvelle doit se fonder sur les réalités nationales, sénégalaises et africaines. Elle doit reposer sur une politique résolue de formation et de promotion des cadres nationaux. Elle doit contribuer à un développement national endogène et élever la conscience de l'unité nationale (Avant-projet de loi d'orientation, Titre 1, Articles 4 et 5).

L'école nouvelle sera démocratique en accordant des chances égales à tous devant l'Education nationale, en étant générale, obligatoire et gratuite, c'est-à-dire ouverte à tous les enfants en âge d'être scolarisés, sans distinction aucune (scolarité obligatoire et gratuite pour tous les enfants de 3 à 16 ans), en assurant et en suscitant la formation permanente (Avant-projet de loi d'orientation, Titre 1, Articles 1, 3 et 5).

---

[17] Article 2 du décret n° 81-644 du 6/7/1981, portant création de la CNREF.
[18] Nous résumons ici l'avant-projet de loi d'orientation de l'Éducation nationale, élaboré par la commission technique n° 2 de la CNREF, chargée d'étudier la politique générale de l'Éducation.

Elle sera populaire en rompant avec les pratiques élitistes et les divers mécanismes de la sélection — élimination, en exprimant et en reflétant les besoins culturels du peuple et en leur apportant des solutions appropriées, en promouvant le progrès culturel, scientifique, technique, moral et spirituel du peuple, tout en étant ouverte à la vie (Avant-projet de loi d'orientation, Titre 1, Articles 3 et 5).

Elle sera laïque, dans le respect de la liberté de conscience des citoyens, mais elle intégrera les dimensions spécifiques de notre réalité socioculturelle, notamment sa dimension religieuse (Avant-projet de loi d'orientation, Titre 1, Article 2). Les structures, les niveaux et les paliers de cette école sont harmonieusement articulés entre eux (cf. le nouvel organigramme ; Avant-projet de loi d'orientation, Titre 2, Articles 6 à 10).

Le nouveau système éducatif est un système global, assurant une éducation et une formation de type classique mais également une éducation permanente et une alphabétisation dans des structures non formelles articulées aux premières (Avant-projet de loi d'orientation, Titre 3, Articles 11 à 17).

La conception d'un code de déontologie et d'une loi d'orientation qui définissent et garantissent les obligations et les droits des enseignants, assurera la valorisation nécessaire et constante de la fonction enseignante (Avant-projet de loi d'orientation, Titres 4 et 5, Articles 18 à 25).

La définition d'une politique de déflation des cadres expatriés et une formation adéquate des cadres nationaux sont de nature à garantir une « africanisation » et une responsabilisation effective de ces derniers. L'école nouvelle postule également comme exigence la recherche constante de son indépendance, de son adaptation à nos réalités et la liaison permanente de l'enseignement à la production (caractère polytechnique).

L'introduction, dans le nouveau système, de l'éducation spéciale des handicapés physiques et mentaux ne les marginalisera plus par rapport à leurs camarades fréquentant les filières normales. Les sélections et les barrières que sont les concours et les examens seront remplacées par un système original et souple d'orientation scolaire et professionnelle.

Ce projet de réforme dont les éléments majeurs sont contenus dans les conclusions des EGEF introduisait ainsi une rupture radicale et qualitative, une révolution à la fois pédagogique et sociale dans le système éducatif sénégalais et dans la société elle-même.

Quelle position les autorités étatiques ont-elles adoptée à son égard ? A-t-il été réalisé ?

Le vendredi 18 janvier 1985, au cours d'une conférence de presse, le ministre de l'Éducation nationale apporte des réponses à ces questions, en distinguant les mesures acceptées par le Gouvernement et celles qui ne pouvaient pas l'être.

Entre autres[19], les mesures acceptées [20] sont relatives au principe d'une École nationale, démocratique et populaire,

---

[19] Les autres mesures acceptées sont : la réorganisation des structures administratives, des filières de l'Université et de la recherche scientifique et technique en vue d'une rentabilisation optimale des moyens disponibles ; le code de déontologie et toutes les propositions concernant les personnels de l'École nouvelle afin de revaloriser, de façon significative, la fonction enseignante et d'assurer une formation de qualité ; la structuration générale du système selon l'organigramme qui détermine les trois niveaux : cycle fondamental, cycle secondaire et professionnel et enseignement supérieur et l'intégration de l'école

à l'intégration dans le système éducatif de structures non formelles (éléments de démocratisation de l'éducation et instruments de développement culturel, économique et social), à la création de l'éducation spéciale des jeunes handicapés et inadaptés et son intégration dans le système éducatif et à la rentabilisation des structures existantes par la création des classes multigrades et des classes à double flux. Cependant, le ministre rappelle que la mise en œuvre de ces propositions acceptées s'inscrit dans un processus et selon une programmation rationnelle.

Les propositions non acceptées sont relatives au décrochage du statut des enseignants de la fonction publique, à l'augmentation cumulée des indemnités de logement, d'enseignement et de fonction, à la suppression de l'enseignement privé, à la réouverture des internats des établissements scolaires, à la distinction, dans l'organigramme, entre le cycle secondaire général et le cycle secondaire technique et à la suppression immédiate des examens et concours.

Cette conférence de presse a suscité des observations et des remarques relatives notamment à la nature de l'école nouvelle que l'Etat ambitionnait de créer et à la revalorisation de la fonction enseignante à travers une telle école.

---

au milieu selon la conception de l'enseignement polyvalent ; l'introduction de l'éducation religieuse mais dans le respect de la laïcité et du caractère multireligieux de l'Etat ; l'introduction et la promotion des langues nationales dans l'École nouvelle ; la reconnaissance de l'importance et la promotion de la langue arabe dans le nouveau système et la création d'un fonds spécial de l'éducation.

[20] Texte introductif du ministre, « Le Soleil » du samedi 19 janvier 1985, n° 4417, page 4. Nous résumons ici les idées et propositions, acceptées ou non, contenues dans ce texte.

Les mesures précédentes, prises ensemble, épuisent-elles tout le projet de réforme élaboré par les EGEF et la CNREF ?

L'école nouvelle sera-t-elle nationale, démocratique et populaire si l'enseignement privé et les sélections et barrières (concours et examens, notamment) sont maintenus ?

Comment rendre compatibles une école nationale, démocratique et populaire, d'essence et de finalités socialistes, avec une société dont l'économie est de type capitaliste et dont les classes et les luttes de classes se développent constamment ?

Comment revaloriser la fonction enseignante si, parmi les mesures adoptées par le gouvernement, aucune ne paraît avoir une incidence financière significative ; si le décrochage du statut des enseignants de la fonction publique est refusé et si l'augmentation cumulée des indemnités de logement, d'enseignement et de fonction est rejetée ?[21]

Les estimations des coûts de l'école nouvelle s'élevant à des centaines de milliards, selon le ministre, où trouver les moyens financiers de son édification si la contribution et la participation des populations ne sont pas requises ; si les ressources constantes du Fonds National de l'Education (FNE) proviennent essentiellement des subventions de l'État et si enfin le budget alloué par l'État à l'éducation et à la formation ne peut plus être accru en raison de la crise ?

---

[21] Cette augmentation cumulée, que le Gouvernement refusait en 1985, a été acceptée en avril 1989 à la suite de la grève du Syndicat Autonome de l'Enseignement Supérieur (SAES) et des accords conclus avec le Gouvernement.

Il faut cependant reconnaître que, malgré les pénuries et la crise, le budget alloué à l'Éducation nationale demeure toujours le plus élevé d'entre tous les ministères. Il atteint pour l'exercice budgétaire 1990/1991, 60 446 802 000 CFA, soit le double du budget alloué au ministère des Forces armées, qui vient immédiatement après et qui est de 30 452 960 000 CFA[22].

Les Nouveaux programmes des classes pilotes

En dépit de l'importance du budget de l'Éducation nationale, l'école sénégalaise semble incapable de sortir d'une crise qui la secoue de toutes parts. C'est ainsi qu'en recevant, le 6 août 1984, les conclusions de la CNREF, le chef de l'Etat déclarait solennellement que le gouvernement était décidé à mettre tout en œuvre pour construire une école nouvelle, nationale, démocratique et populaire, et pour introduire dans le système éducatif les changements que le pays souhaitait ardemment.

Ainsi, après un travail préalable, le ministre de l'Education nationale qui mesurait bien le poids de ses responsabilités dans cette gigantesque entreprise dont dépend l'avenir du Sénégal, mit en place, au mois de décembre 1986, des commissions chargées d'élaborer les nouveaux programmes de l'éducation préscolaire et de l'enseignement élémentaire.

A propos de ces commissions, il convient de souligner que leur composition tout comme la manière dont elles ont travaillé ont obéi à l'esprit des EGEF, cet esprit de liberté,

---

[22] « Le Soleil » du mercredi 6 juin 1990, n° 6011, p. 2. Le budget global de l'État pour l'année 1990/1991 s'élève, tous ministères compris, à 516 436 000 000 FCFA.

d'ouverture et de concertation auquel faisait allusion le chef de l'Etat, le 6 août 1984 quand il disait que chaque organisation invitée, chaque participant même, a pu exprimer ses vues, ses espoirs, ses craintes et ses doléances, sans qu'aucune contrainte ne vienne restreindre sa liberté de parole.

Selon le discours officiel, d'une part, les commissions n'étaient composées que d'hommes de terrain, principalement d'enseignants confrontés quotidiennement aux réalités des classes, ou, pour parler comme Louis DUMAS, de ces « maçons au pied du mur ». D'autre part, les commissaires eux-mêmes ont travaillé, sept mois durant, en toute indépendance de pensée et d'action, n'ayant, pour seule référence, que le schéma de l'école nouvelle et le profil de l'élève à former, et, pour seul censeur, que leur conscience d'éducateurs. A aucun moment, ils n'auraient reçu d'injonction de qui que ce fût. Et ce serait dans ces conditions qu'ils ont élaboré les nouveaux programmes, ceux de l'enseignement élémentaire en l'occurrence, qui vont être expérimentés en octobre 1987.

Ces programmes dont la construction constitue une véritable révolution ont été conçus selon une approche méthodologique tout à fait nouvelle qui, pour une fois, prend appui sur l'élève à former.

Il est frappant en effet de constater qu'ils commencent invariablement par cette indication « à la fin de la..., l'élève devrait être capable de... ».

En d'autres termes, à la fin de chaque séance, séquence et étape d'apprentissage, l'élève devrait être capable de réaliser un certain nombre de performances bien précises.

Une comparaison à vue de nez entre les nouveaux programmes et les programmes promulgués par le décret 79-

1165 du 20 décembre 1979, donne d'emblée l'impression que les premiers sont vides. Mais ce serait alors sans compter avec l'approche méthodologique novatrice qu'ils préconisent : les enfants apprendront beaucoup de choses, mais d'une tout autre manière. Il y a bien eu substitution d'une « pédagogie par objectifs » à une « pédagogie des contenus ». Déjà à la première étape (CI et CP), il est prévu des objectifs en histoire, en géographie et en sciences.

Les innovations introduites feront l'objet d'explications détaillées lors des séminaires organisés à l'intention des maîtres conduisant des classes expérimentales et seront consignées dans des guides pédagogiques.

Dans la préface au guide pédagogique des classes pilotes, le directeur de l'enseignement élémentaire, Mamadou Alpha LY adressait les propos suivants aux enseignants ciblés :

> « Chers collègue, vous serez 75 à avoir l'insigne honneur de donner le premier tour de manivelle de l'école nouvelle. De votre engagement et de votre savoir-faire, dépendra le succès de cette entreprise sans précédent dans notre histoire. Notre peuple qui nous soutient largement attend avec espoir. La plupart des pays d'Afrique, d'Europe, d'Asie et d'Amérique séduits par notre expérience et dont certains nous ont emboité le pas en tenant eux aussi des états généraux de l'éducation seraient certainement heureux de pouvoir s'inspirer de nos acquis pour pouvoir consolider leur démarche. Vous mesurez donc l'importance de l'enjeu. Bon courage. » (Préface au guide pédagogique des classes pilotes – Enseignement élémentaire – Programmes et Instructions Officielles, p. 1)

Avec les nouveaux programmes des classes pilotes, le système éducatif sénégalais se dote d'une nouvelle planification des contenus programmatiques et des horaires dans l'enseignement élémentaire. Il s'est principalement agi de procéder à une lecture critique des anciens programmes élaborés lors de la réforme de 1971, dans la perspective d'un enseignement plus significatif et plus concret. L'entrée par les objectifs y sera préconisée afin de rompre avec l'entrée par les contenus des anciens programmes, considérée comme essentiellement livresque et encyclopédique. Cette réforme se donnera pour objectifs de préciser et de rendre opérationnels les objectifs d'apprentissage que devaient poursuivre les élèves.

Les classes pilotes ont commencé à être expérimentées au cours de l'année scolaire1987-1988. L'innovation a consisté à introduire dans l'enseignement préscolaire et élémentaire de nouveaux programmes élaborés par 7 commissions composées d'enseignants de tous les ordres et des corps d'encadrement et de contrôle (directeurs et inspecteurs).

Les commissions ont élaboré des programmes d'activités et des guides pédagogiques pour les classes pilotes de l'éducation préscolaire et de l'enseignement élémentaire.

Ces nouveaux programmes portent sur les disciplines suivantes : français, mathématiques, histoire, géographie, instruction civique, sciences naturelles, éducation artistique, formation pratique et éducation physique et sportive. Ils déterminent des objectifs à atteindre à chaque étape du cycle scolaire, de manière à permettre à chaque élève de réaliser, à la fin de chaque étape, des performances bien précises. Et une pédagogie par objectifs (PPO) sera substituée à la pédagogie de contenus (PDC) de l'enseignement traditionnel

Selon la Division de la Réforme de l'Education et de la Formation (DREF) du ministère de l'Education nationale, il existait, au cours de l'année 1988-1989 (à la date du 31 mars 1989), 150 classes pilotes dans l'enseignement élémentaire et 50 classes dans le préscolaire (le schéma expérimental a donc été respecté jusqu'à cette date).

L'extension de l'expérimentation, prévue au cours de l'année scolaire 1989-1990 et devant permettre d'effectuer un saut qualitatif, passant des classes pilotes aux écoles pilotes, n'a pu être réalisée en raison de la grève des élèves et des étudiants et du changement intervenu au sommet du ministère. Un nouveau ministre est nommé en mars 1990 et la direction de la réforme de l'éducation et de la formation est transformée en division, suite à la restructuration de l'État. Telles sont les raisons qui font que cette division, qui n'a reçu aucune directive relative à l'innovation, ne contrôle plus rien et est incapable de se prononcer sur ce que sont devenues les classes expérimentales.

Les nouveaux programmes ont été également appliqués à des classes à double flux dans certaines écoles, en sorte que les deux expérimentations étaient menées concomitamment. L'innovation des classes pilotes a été évaluée au cours de l'année scolaire 1988-1989 par l'INEADE (Sénégal / INEADE, 1989). Il en est ressorti ce qui suit :

- L'expérimentation de l'innovation des classes pilotes est globalement positive ;
- La majorité des acteurs impliqués souhaitent la poursuite de l'innovation tout en lui apportant quelques améliorations dont les plus essentielles se rapportent à la formation des maîtres, des directeurs et des inspecteurs (pédagogie du projet, évaluation, didactique, élaboration de plan de formation, re-

cherche pédagogique, etc.) et aux moyens (logistiques, didactiques et financiers).

Cependant, une autre étude, réalisée par la division recherche de l'INEADE (Sénégal / INEADE, 1989) sur l'application de l'innovation dans les classes à double flux fait apparaître une situation moins brillante.

Toutes les enquêtes précédentes[23] révèlent que les innovations pédagogiques en cours dans l'école peuvent bien réussir, mais elles sont handicapées par les conditions d'expérimentation qui présentent le risque de les compromettre quand bien même les autorités de l'éducation voient en certaines des composantes complémentaires d'une même réforme indispensable. Il s'agit, entre autres, de chevauchement d'expériences, d'extension rapide et parfois de généralisation sans évaluation, de formation de maîtres insuffisante, de surcroît de travail sans compensation réelle et de non-implication de l'ensemble des partenaires.

Ces diverses expériences pédagogiques dérivent sans doute de l'esprit et des conclusions des EGEF ainsi que des recommandations de la CNREF. Toutefois, dans la pratique, les préalables et les conditions prescrits ne sont pas remplis.

L'expérience de terrain a conduit au constat que la Pédagogie par Objectifs (PPO) a l'avantage d'installer une rigueur jusqu'alors inconnue lorsqu'il s'agit de construire des programmes d'enseignement et de planifier les ap-

---

[23] Ces enquêtes de l'INEADE présentent cependant quelques insuffisances relatives à l'échantillonnage (personnes interrogées peu nombreuses) et à la couverture nationale (certaines zones du pays n'ont pas été investies).

prentissages des élèves. Il est cependant apparu qu'au terme de leur formation, les élèves étaient incapables de mobiliser les connaissances acquises pour résoudre les problèmes auxquels ils étaient confrontés. Cette incapacité a été attribuée à diverses causes dont trois principales :
1°) La PPO encourage une formulation, parfois pléthorique, d'objectifs dits comportementaux. Ce qui conduit à une atomisation et à une juxtaposition plus ou moins linéaire des connaissances que les élèves doivent acquérir. Le résultat est qu'ils ne peuvent pas restructurer en des ensembles significatifs les connaissances acquises ; ce qui rend difficiles leur mobilisation et leur transfert lorsqu'il s'agit de résoudre des problèmes d'apprentissage ou de vie courante ;
2°) La PPO met l'accent sur les apprentissages cognitifs et comportementaux simples au détriment des apprentissages socio affectifs ou complexes ;
3°) La PPO fait perdre de vue l'articulation des objectifs avec les finalités et les buts de l'éducation.

N'ayant pas défini, dès le début de l'indépendance, une politique globale et cohérente d'éducation, qui embrasse tous les aspects du développement de l'école, l'État n'a pas non plus saisi l'opportunité des travaux et des conclusions des EGEF et de la CNREF. Ceux-ci ont pourtant conçu les fondements, les finalités, l'organigramme et les structures du système éducatif, et ont déterminé les moyens et les personnels de l'école nouvelle.

La loi d'orientation 71-036, texte de référence de l'école sénégalaise, bien qu'élaborée par la CNREF, n'a pas été promulguée comme texte de loi. Iba Der THIAM, ancien ministre (1983-1988) de l'Éducation nationale, en fournit la raison :

> « Jean Colin, ancien secrétaire général de la Présidence de la République, considérait l'École nouvelle comme une utopie et a bloqué le texte sur la loi d'orientation. Il n'aimait pas la promotion des langues nationales, raison pour laquelle il a systématiquement saboté mon programme » (Le Témoin, quotidien du 31 juillet 1990 : 2).

La loi 71-036 sera remplacée (non pas sur la base des conclusions et propositions de la CNREF) par la loi 91-22, adoptée par le conseil des ministres du mardi 23 octobre 1990 et votée par l'Assemblée nationale le mercredi 30 janvier 1991. Le décret créant la CNREF a bien été promulgué et, après le dépôt de ses conclusions, le chef de l'État décide de maintenir le bureau et le secrétariat de la CNREF en tant que structure officielle et nationale mais depuis lors, la structure ne s'active pas.

Les EGEF ont bien été créés par décret et devaient se réunir tous les 4 ans, donc en 1985 et 1989. Ils n'ont connu qu'une seule édition, celle de 1981. La commission nationale d'étude, de concertation et de suivi des EGEF existe et se réunit parfois. Mais que peut-elle faire si la CNREF et les EGEF ne fonctionnent pas ?

En définitive, il est clair qu'il n'y a pas eu, dès le début de l'indépendance politique, une définition claire d'une politique cohérente d'éducation qui oriente les objectifs de l'école sénégalaise vers un développement national endogène.

L'introduction des langues nationales, quoique souhaitée et même prônée par le discours officiel, est encore de l'ordre de la prescription. L'enseignement religieux à l'école, très timide, n'en est qu'à ses débuts et se heurte encore aux oppositions des partisans de la laïcité.

La question de la réouverture des internats, fermés par le Gouvernement en 1981-1982, refait surface dans le débat sur la qualité de l'enseignement mais ne semble pas tant intéresser les pouvoirs publics.

La qualité des enseignements-apprentissages est plus que jamais décriée. L'idée de la suppression du concours d'entrée en 6ème divise les acteurs de l'école. La revalorisation des filières scientifiques devient le mot d'ordre des pouvoirs publics.

Toutes ces questions ont pour seule finalité d'adapter l'école aux réalités socioculturelles nationales et ainsi de la rendre efficace tant à l'interne qu'à l'externe, face aux défis et enjeux d'un monde en perpétuel changement. Or, par exemple, sans planification rigoureuse, laquelle définit le type d'école, les contenus à y enseigner et le profil de l'apprenant à former, les urgences matérielles et pédagogiques ne peuvent manquer de surgir.

Aujourd'hui encore, les expérimentations d'actions et innovations perdurent, sans doute parce que les conditions et les préalables requis ne sont ni satisfaits ni réalisés. Comme précisé plus haut, la loi n° 91-22 du 16 février 1991 redéfinit le profil du nouveau type de Sénégalais à former. Dorénavant, il s'agit de préparer les conditions d'un développement intégral, assumé par la Nation tout entière. Un nouveau changement s'est alors imposé avec la réforme dite du Curriculum de l'Education de Base (CEB) qui promeut une pédagogie de l'intégration à travers l'Approche par Compétences (APC).

Si la crise dont on parle souvent au sujet de l'école signifie, au sens grec du terme, un moment où l'on porte un jugement pour décider d'une action, il nous faut reconnaître, au rythme où elle va, que notre école n'est pas simplement en crise et il ne serait sans doute pas exagéré de considérer qu'elle est en panne depuis des décennies, eu égard à l'inefficacité de tant de mesures qui semblent l'installer durablement dans une instabilité permanente. Notre école est devenue un champ d'expérimentation sans mémoire dans lequel se renouvelle sans cesse le sentiment partagé d'une institution scolaire qui ne nous est pas entièrement propre tant dans sont modèle et son organisation, dans son fonctionnement et son unité (écoles bilingues, écoles franco-arabes, écoles coraniques modernes (daara modernes) que dans son rendement.

Chapitre 2

Regard critique sur l'enseignement de la science

Le problème de l'enseignement de la science est réel dans notre pays. Dans les classes où il est pratiqué, cet enseignement est totalement vertical avec un maître qui parle au tableau en tournant le dos aux élèves qui écrivent.

Au Sénégal, on n'aura jamais autant insisté, ces dernières années, sur l'apprentissage de la science. Dans le débat officiel sur l'école, un accent particulier est mis sur la valorisation des filières scientifiques de plus en plus désaffectées en faveur des autres filières notamment celles dites littéraires. C'est ainsi que dans l'enseignement élémentaire, pour une rénovation de l'apprentissage de la science, le programme curriculaire intègre l'initiation à la science et à la technologie dans le socle commun de compétences à côté des fondamentaux à savoir lire, écrire et compter.

L'idée d'écrire et de partager ces lignes procède de constats récurrents et renouvelés à l'occasion de la préparation d'une thèse de doctorat portant sur la réforme du curriculum de l'éducation de base au Sénégal. En effet, que ce soit lors de séances d'animation pédagogique ou de visites de routines in situ, nous avons mainte fois eu la possibilité, en tant qu'instituteur, d'observer des pratiques de classes relatives à un enseignement de la science sans « expériences qu'on touche ». Nos investigations en qualité d'enseignant-chercheur confirment cette réalité dans des proportions dont, jusque-là, nous ne soupçonnions pas l'importance.

Alors, qu'entend-on par science ? Comment l'enseigner ? Comment y intéresser les élèves et peut-être aussi les instituteurs ? Comment les autres pays enseignent-ils la science ?

Les réponses à ces questions et à bien d'autres encore constituent la trame de ce travail dont la seule prétention est de contribuer à faire avancer la réflexion vers un peu plus de science, au sens générique du terme, à l'école.

Pour éviter de tomber dans des théorisations alambiquées, nous nous proposons de définir la science par ceux et celles qui la font.

Ainsi, en faisant concrètement prendre une pierre à un élève, il est possible de lui faire prendre conscience de son poids, de sa masse, de sa surface et de sa nature, entre autres propriétés très nombreuses. A ce sujet, l'élève notera que le physicien peut l'aider à dire pourquoi la pierre pèse ; le mathématicien l'aidera à calculer sa surface ; le biologiste lui dira pourquoi elle n'est pas « vivante », etc.

Plus généralement, dans le grand public, quand on parle de scientifique, on avance quasi spontanément les mots « chimiste », « géologue » ou « mathématicien » sans penser à tous les métiers qui ont trait à la science comme par exemple « architecte », « pilote d'avions » et « archéologue ». En vérité, il y a des tas de métiers auxquels on n'associe pas la science et qui pourtant ont quelque chose à voir avec la science.

L'image du scientifique dans les écoles correspond non seulement à l'idée qu'il y a juste quelques métiers, mais qu'un scientifique est un homme enfermé dans son laboratoire avec ses rêves ou ses cauchemars. Ce qu'illustrent parfaitement deux catégories d'élèves ayant ou non fait de la science en classe et répondant par le dessin à la question « qu'est-ce que un scientifique ? ».

Chez les élèves qui n'ont pas ou ont mal fait de la science, les dessins sont terrifiants : on voit toujours un homme seul. Il a une espèce de chapeau pointu et épouvantable. Il sort de sa tête des bulles avec des points d'exclamation et d'interrogation. Il a l'air redoutable d'un démon.

Par contre, chez les enfants qui ont fait de la science et réalisé des expériences, les dessins sont complètement différents : il y a des hommes et des femmes, l'air détendu, qui travaillent en équipes parce que dans la classe les élèves ont appris à travailler en équipes. Ils font des choses utiles pour la société et font souvent un petit commentaire.

Dans les deux catégories d'élèves, ce qui reste constant tout de même, c'est que le scientifique s'intéresse au monde qui l'entoure et qu'il essaie de comprendre. Il est curieux.

Aussi, dans notre définition, le mot « science » est-il utilisé au sens large, recouvrant quasiment tous les métiers possibles dans notre environnement.

Dans le portrait du scientifique dressé par les élèves ayant fait de la science en classe, nous trouvons les indices pertinents de réponse à la question « comment enseigner la science ? ». Il s'agit de susciter l'éveil de la curiosité, d'instaurer le travail en groupes ou équipes et de faire réaliser des « expériences qu'on touche ». L'organisation de la classe tout comme l'approche pédagogique s'en trouvera dès lors littéralement reconsidérée.

On dit que les enfants sont très curieux. En effet, ils posent souvent beaucoup de questions : un « Pourquoi ? » qui en entraîne un autre et ainsi de suite. C'est mieux que rien, mais il y a un automatisme dans cette attitude qui n'est pas toujours motivée par la curiosité.

Dans notre monde, il y a de vrais « Pourquoi ? » qui suscitent des réponses parfois difficiles, mais qui se prêtent bien à des expériences scientifiques réalisables en classe : « Pourquoi l'eau bout-elle à 100°C », « Pourquoi une bougie allumée s'éteint-elle dans un caisson ? », « Pourquoi voit-on le soleil à l'est le matin et le soir à l'ouest ? », « Pourquoi certains arbres ont-ils des épines à la place des feuilles pour d'autres ? », ainsi de suite.

Seulement, il est très frappant de se rendre compte que les élèves ne posent que très peu voire pas de questions en classe. Ce qui évidemment contraste avec la curiosité « naturelle » qui leur est attribuée presque machinalement. Or, c'est connu, c'est en posant des questions qu'on devient scientifique.

La question se pose alors de savoir à quel moment et pourquoi cette curiosité « naturelle » des enfants s'arrête. Autrement dit, que se passe-t-il entre la maison où les enfants posent des rafales de questions et l'école où ils sont comme inhibés ?

Interrogés à cet effet, la plupart des élèves rencontrés déclarent :

« Je suis timide. » S. DIOUF, CM2

« Je craints d'être ridicule. » M. FAYE, CM1

« Mes camarades vont se moquer de moi. » F. DIOP, CE2

« J'ai peur de faire des fautes. » A. SARR, 6ème Collège

« Personne ne m'écoute. » ND. F. SECK, 5ème Collège

« Je veux poser des questions, mais je ne peux pas en français. » B. FALL, 4ème Collège

Sur le terrain, à des élèves qui réagissent ainsi, nous constatons que des réponses appropriées ne sont malheureusement pas toujours apportées par des instituteurs qui ont tendance à perpétuer une méthode traditionnelle de transmission passive de connaissances déclaratives. C'est à croire que l'on est dans une classe de vocabulaire ou alors de langue à l'occasion de leçons dites de science.

En disant cela, nous ne remettons pas en cause le lien nécessaire et indispensable entre science et langage. La science n'est finalement qu'un discours que nous tenons sur le monde avec des phrases. En effet, quand nous disons « La pierre tombe. », nous avons fait une phrase simple avec un sujet et un verbe, mais il s'agit aussi d'une phrase de science car quand la pierre est lâchée, elle ne monte pas ; elle tombe. Et demain, elle tombera aussi ; ce qui permet d'introduire ce temps de notre langage qu'est le futur et ainsi de faire constater le caractère immuable de la réalité scientifique découverte.

Ladite phrase est l'expression la plus exacte de la manifestation d'un phénomène scientifique. Il nous semble essentiel de travailler à mettre en évidence le lien entre science et langage car la prise en compte de ce lien oblige de substituer une approche « horizontale » de l'enseignement à une certaine approche « verticale ».

L'approche « verticale » a toujours existé. Avec cette démarche, le maître est devant le groupe classe ; il parle et les élèves écrivent. Ils ont pour tâches d'apprendre par cœur, pour le lendemain, ce qu'ils ont écrit. C'est une façon d'enseigner la science à l'école primaire et la plupart d'entre nous avons été initiés de cette manière. De toute évidence, nous ne voyons pas comment on ferait pour apprendre aux élèves le nom des planètes, par exemple, s'ils ne les apprennent pas par cœur. Nous savons aussi que ce procédé laisse des traces dans la mémoire des enfants, des années après. Mais il ne peut pas correspondre à tout l'enseignement de la science.

La science ne se réduit pas à des mots, des phrases et des formules établis une fois pour toutes. Elle se nourrit davantage d'« expériences qu'on touche », c'est-à-dire la façon que nous avons d'utiliser nos sens au contact du réel : voir, observer, écouter, goûter, sentir, toucher, etc. Sous ce rapport, l'approche « verticale » de l'enseignement n'est assurément pas le procédé le mieux indiqué.

Par son caractère magistral et dogmatique, elle ne permet pas toujours aux élèves de comprendre les phénomènes scientifiques étudiés en classe. Par exemple, la réponse de cet élève qui écrit, sous la dictée de son maître, « L'eau boue à 100°C » au lieu de « L'eau bout à 100°C » et qui, pour dire ce qu'il a compris de sa leçon de science s'exclame :

« Oh c'est facile, dans la boue, il y a de l'eau ! »

Un tel élève, sans doute vif et éveillé, saurait, le lendemain, répéter de mémoire sa leçon et aurait probablement une bonne note en contrôle. Seulement, voilà, il n'avait rien, mais alors rien compris. Non seulement, il écrit une phrase qui n'a pas de sens d'un point de vue grammatical, mais, et c'est tout un, l'explication qu'il donne du fait prétendument étudié est fausse. A l'évidence, les réponses de cet élève résultent d'un enseignement typiquement « vertical » donné par un maître peu soucieux du regard de ses élèves et de la place des choses dans ses leçons de choses.

Il faut voir qu'un simple travail sur les mots aurait permis de faire constater que le terme « bout » est un verbe dans « l'eau bout » et que son homonyme « boue » est un substantif dans « dans la boue, il y a de l'eau » ; ce qui change tout.

Dans l'approche « horizontale », l'enseignant prend l'enfant par la main — c'est métaphorique — et va avec lui en dialogue à la découverte du monde. Evidemment, l'enseignant en sait beaucoup plus que l'enfant, mais il y a une attitude commune à la découverte du monde qui consiste à se poser des questions, à formuler des hypothèses, à laisser l'enfant librement s'exprimer sur ce qu'il pense être la réponse à la question posée. Cette démarche expérimentale est indispensable dans l'enseignement de la science et il faut y initier les élèves qui regorgent d'hypothèses parfois naïves voire fausses, mais peu importe. Ils ont des idées. Ils peuvent faire travailler leur imagination, c'est-à-dire la faculté que nous avons ou que nous n'avons pas de nous faire des images de ce qui nous est caché. Ils peuvent formuler des hypothèses et réaliser, si on les y intéresse, des expériences simples dans leurs principes et dans le matériel requis : pas d'appareils sophistiqués, tout juste une petite balance Roberval pour peser, un thermomètre pour mesurer la température, un chronomètre pour mesurer un temps, un double décimètre pour mesurer des longueurs, etc. Ils travaillent en groupes de trois, quatre cinq ou six suivant l'effectif de la classe et à la fin de l'expérience, ils ont la réponse à la question posée au départ : l'hypothèse de Modou n'était pas mal du tout, mais l'hypothèse de Nafi était tout à fait fausse. Enfin, dernière étape et pas des moindres d'un enseignement de ce type, les élèves rédigent. Ce qui rappelle le lien dont nous avons parlé plus haut entre science et langage.

Nous sommes convaincu — des instituteurs nous le confirment à travers leurs témoignages — que l'enseignement de la science de cette façon plus horizontale améliore la maîtrise du langage des élèves.

En outre, ce procédé encourage l'interdisciplinarité qui, au collège ou au lycée, peut faire se rencontrer et dialoguer les enseignants dans leurs spécialités respectives. Ainsi, dans le cadre de modules intégrés, l'occasion sera donnée au professeur de mathématiques de parler avec le professeur de physique ou encore avec le professeur de SVT (Sciences de la Vie et de la Terre) ou avec le professeur de français, sachant qu'ils ont tous des mots à mettre en commun.

Nous pensons que l'enseignement, et plus encore l'enseignement de la science, doit être un dialogue. L'enseignant doit être en permanence à l'écoute de ce qu'il dit et qui est entendu par l'élève. En d'autres termes, il doit s'efforcer d'être à la place de l'élève pour pouvoir réagir à temps réel sur de nécessaires remédiations ou renforcements de son enseignement. Même si l'élève en face est parfois silencieux, il s'agira peut-être d'une écoute du silence, un peu comme dans la musique où il faut écouter les silences presque autant que le vide et le plein.

Il est important de « déculpabiliser » les enfants de poser des questions car cela participe de l'éveil de leur curiosité qui, comme nous l'avons indiqué, est loin d'être cet automatisme qu'on se complait à en faire. L'enseignement de la science y contribue en même temps qu'elle remplit plusieurs autres fonctions à l'école primaire. Elle encourage le travail collectif et, du coup, permet à l'élève d'avoir quelque chose à dire et d'apprendre à le dire ; d'avoir un point de vue et d'apprendre à le défendre.

Ce que nous voyons quand nous allons dans les classes de l'élémentaire, du collège et même du lycée ne nous semble pas suffisamment rejoindre de telles préoccupations. Au meilleur des cas, les élèves travaillent par groupes et non en groupes eu égard à leur faible implication dans la réalisation d'une tâche.

Dans le déroulement des leçons de science qui sont pourtant des moments privilégiés de mobilisation de leurs organes de sens, les élèves ne manipulent ni ne formulent des hypothèses. Ils ne s'investissent pas tant dans l'analyse du fait scientifique et n'ont rien à dire du résumé final qu'ils ont à écrire dans le cahier ni plus ni moins.

A l'école élémentaire, l'enseignement de la science de cette manière est contre productif. L'enfant, pour parler comme Jean PIAGET, est un bourgeon infatigable à la joie de vivre et de se sentir agité. A son âge au primaire, il est à l'étape des opérations sensorimotrices. Son intelligence s'exprime d'abord de façon motrice et ce n'est que plus tard, aux abords de l'adolescence, qu'elle devient conceptuelle. Encore que, même à ce niveau, certains faits scientifiques ne sont véritablement compris qu'au travers d'expériences concrètement réalisées.

L'enseignement de la science est nécessaire au primaire et nous pensons que c'est à force de faire des sciences à un très jeune âge, qu'on y prend goût. Il est très important pour l'élève d'apprendre la science, même s'il ne fait pas plus tard un métier de scientifique : il n'est jamais trop tôt de commencer.

Alors comment expliquer, par exemple, que la plupart des instituteurs soient encore en retrait vis-à-vis de l'enseignement de la science ?

Les réponses des instituteurs que nous avons rencontrés sont nombreuses et variées. Elles laissent entrevoir des tentatives d'explication. Nous en restituons ici certaines parmi les plus saillantes avant de tenter d'y poser un regard critique.

« Je n'ai pas le temps. Je suis en classe d'examen (CM2) et les élèves doivent terminer le programme. Je sais que les sciences sont nécessaires, mais ce que les gens voient en fin d'année c'est le résultat au CFEE et à l'entrée en 6ème ; c'est tout. Je fais des leçons d'IST (Initiation à la Science et à la Technologie) parce que c'est dans le programme, mais le matériel pour faire ces leçons fait souvent défaut. » A. SALL, Instituteur en activité, Richard-Toll, 2017

« J'ai une classe de CE2 (Cours Elémentaire 2ème année) et je fais des leçons de science avec mes élèves. Mais c'est des leçons parfois difficiles car les classes sont pléthoriques et le matériel qu'il faut n'est pas disponible. Faire travailler les élèves en groupes n'est pas aussi facile. J'ai organisé la classe pour favoriser le travail de groupes, mais pour faire une expérience scientifique, les élèves bavardent trop. Certains ne suivent même pas et en plus tous les groupes n'ont pas toujours le matériel requis. » Mme NDIAYE, Institutrice en activité, Richard-Toll, 2018

« J'ai une classe de CP (Cours Préparatoire) et c'est très difficile de faire des leçons de science. Avant le curriculum, nous ne faisions pas ces leçons au CP. Maintenant, c'est dans le programme et on est tenu de les faire. Le problème est que les élèves sont nombreux, distraits et ne tiennent pas en place. Il y en a qui sont attentifs et disciplinés, mais ils ne sont pas nombreux. Dans ces leçons de sciences, on ne fait travailler qu'un petit nombre d'élèves. La majorité pense qu'elle est en récréation et que la leçon en fait n'est qu'un moment de détente. Pour eux, c'est un jeu et il n'est pas facile d'allier travail et jeu. » Mme DIOP, Institutrice en activité, Saint-Louis, 2018

« Les enseignants m'avouent régulièrement leurs difficultés à faire des leçons de science et de technologie. Mes visites de classes m'ont permis de me rendre compte qu'ils font tous des leçons magistrales en classe de science. Pourtant ils ont le guide pédagogique et ils savent bien qu'avec le CEB (Curriculum de l'Education de Base), ils sont tenus de susciter la curiosité des élèves, de les faire travailler en groupes et de temps en temps en autonomie et d'encourager l'esprit d'innovation et de créativité. Les enseignants ne sont plus tellement investis dans la collecte ou la création de matériels didactiques appropriés pour faire de leurs leçons de science des leçons vivantes. Nos écoles aussi manquent de matériels pour ce genre de leçons. Mais ce n'est pas une raison. Les expériences scientifiques à faire réaliser ne demandent pas du matériel lourd et sophistiqué. Parfois, il faut juste une balance, un thermomètre, une loupe, un tube à essais, etc. » A. DIA Directeur d'école, Kaolack, 2018

Tous les enseignants avouent la difficulté qu'ils ont d'enseigner la science dans leurs classes. Les principales raisons avancées sont le manque de temps et de matériels adéquats. Sauf quelques rares actions velléitaires pour dispenser des leçons de science dignes de ce nom, la transmission reste la seule approche pédagogique mise en œuvre.

Le manque de temps évoqué par l'enseignant au CM2 pose, en toile de fond, la question controversée du quantum horaire qui fait aussi s'interroger sur l'évaluation des compétences effectivement acquises par les apprenants au terme d'une étape ou d'un cycle d'enseignement.

Pour rappel, dans les pays occidentaux, la problématique du temps scolaire est centrale depuis plus d'un siècle à la fois du point de vue des politiques publiques d'éducation, de la recherche scientifique et des médias. L'organisation du temps scolaire a connu des mutations au gré des différentes réformes éducatives, mais elle est restée un point important de la réflexion sur les systèmes scolaires des pays industrialisés.

A contrario, en Afrique subsaharienne, la question du temps d'apprentissage a été ignorée dans la majorité des débats sur les orientations des systèmes éducatifs. Les grandes conférences internationales de Jomtien en 1990 et de Dakar en 2000 et les politiques nationales ont éludé le temps scolaire dans la qualité. La notion est parfois mentionnée, mais n'a pas fait l'objet d'études d'incidence plus poussées.

Nos recherches de terrain montrent que le temps réel de scolarisation d'un élève au Sénégal est en moyenne de 89 jours ou 516 heures, soit 47 % du temps prescrit (900 heures/an) par les autorités publiques, contrairement aux études sur les pays développés (comparaisons internationales du Bureau international de l'éducation, organisme spécialisé de l'UNESCO), où la quantité d'instruction reçue par élève est estimée à environ 85 % du temps prévu par les autorités.

L'écart est donc important entre les préconisations des organisations internationales (norme de 800 heures/an), les objectifs nationaux (900 heures/an au Sénégal) et la réalité quotidienne des écoles (environ 500 heures/an dans les écoles visitées).

Selon DELHAXE (1997), dès le début du XXe siècle, des études pionnières aux États-Unis affirmaient déjà que les normes officielles de temps scolaire n'étaient pas honorées dans les classes américaines.

Les études sur cet écart entre le temps prévu et le temps réel d'instruction se sont poursuivies dans les années 1960, avec les travaux de CAROLL (1963), et jusqu'à nos jours (BLOOM (1974) ; FISHER et BERLINER (1985) ; BERLINER (1990).

Pour CHOPIN (2010), le temps réel de scolarisation des élèves, qu'elle nomme aussi « quantité d'instruction par élève », est obtenu en tenant compte des pertes de temps liées aux absences des enseignants et des élèves, aux jours de grève. Il correspond à la portion du temps officiel durant lequel les enseignants et les élèves sont formellement en classe et en situation d'enseignement-apprentissage.

KARWEIT (1985) va dans le même sens et considère que la quantité officielle d'instruction est érodée par les interruptions pour des buts non académiques, le manque de coordination des programmes et les arrêts du cours avant la fin de l'heure. Pour les chercheurs dont le terrain a été surtout nord-américain, il est quasi impossible d'utiliser 100 % du temps officiel annuel. Les écoles utilisent en moyenne 85 % du temps prescrit pour l'enseignement, un degré d'efficacité difficile à excéder (SMITH, 2000).

Ce décalage entre le temps scolaire annuel prescrit par les autorités et le temps effectif utilisé dans les classes apparaît donc commun à tous les systèmes éducatifs. Cependant, cet écart est plus ou moins important selon les contextes sociaux, économiques et culturels dans lesquels s'inscrivent les systèmes scolaires (BLOOM, 1974).

En somme, plusieurs facteurs externes et internes au pays, à la localité voire à l'école compromettent les possibilités d'application d'une norme internationale dont la dimension qualitative n'est que trop insuffisamment prise en compte.

Dans sa dimension quantitative, le quantum horaire correspond, comme nous venons de le voir, au nombre d'heures de cours par an prévu par les politiques publiques. Il est important de ce point de vue en tant qu'il rappelle une des clauses du contrat de travail liant un Etat employeur à des enseignants employés.

Toutefois, il nous faut nous empresser de faire constater que la quantité de temps en soi n'a aucune importance si l'emploi qui en est fait est mauvais. Et cet emploi du temps est lié aux conditions de travail des élèves et des enseignants. Il est aussi lié au programme scolaire défini par BENAVOTT (2004) comme

> « la liste des sujets à enseigner, le temps alloué à chaque sujet, la définition des livres autorisés, les sujets détaillés que les professeurs doivent couvrir en classe et les directives officielles de méthodologie et de pédagogie ». (BENAVOTT, 2004)

Dans le cadre d'une thèse de doctorat soutenue en janvier 2018, l'évaluation que nous avons faite de la réforme curriculaire fait remarquer que, contrairement à des indicateurs comme la catégorie socioprofessionnelle des parents, leur revenu, la motivation des enseignants, entre autres, les différentes organisations du temps scolaire ont des effets quasi insignifiants sur les apprentissages des élèves et sur les pratiques des enseignants.

Nos recherchent montrent qu'en fonction de son degré de motivation ou selon son niveau de compétences, un enseignant est capable, en quelques heures, de donner un enseignement de bien meilleure qualité qu'un autre à qui des jours de classe seront nécessaires pour le même résultat.

Si, comme nous l'ont dit beaucoup d'enseignants, respecter le quantum horaire signifie terminer un programme au sens restreint du nombre de sujets ou de contenus-matières à aborder au cours d'une année scolaire, alors inutile de continuer d'en parler comme pour donner l'impression que l'essentiel de la qualité est là. En effet, dans l'ordre de l'enseignement, il ne s'agit pas tant d'évaluer un programme que de mesurer les acquisitions réelles des élèves. Sous ce rapport, il importe de relativiser l'importance qui semble être accordée à la notion de quantum horaire dans le discours officiel sur l'école.

Il vaut mieux constamment rappeler aux enseignants qu'il faut enseigner peu et bien que de les « harceler textuellement » par des injonctions à respecter strictement un quantum horaire dont on sait qu'il n'est jamais atteint dans les faits.

D'une certaine manière, enseigner, c'est aussi choisir. Et pour un élève, il vaut mieux comprendre un petit nombre de choses parfaitement que savoir beaucoup de choses superficiellement. L'exemple banal au sujet de l'ébullition de l'eau montre bien qu'avec le « vertical » l'élève va savoir, mais court le risque de ne rien comprendre. Dans l'« horizontal », il ne saura peut-être pas beaucoup de choses car il faut parfois plus de temps que prévu pour réaliser des « expériences qu'on touche », mais il aura formé son raisonnement et appris comment travailler en science.

Dans cette optique, le temps ne saurait être une contrainte pour enseigner la science. Les expériences à réaliser en groupes lors d'un tel enseignement, avec du matériel simple, en faisant perdre utilement du temps, favorisent des apprentissages compris, assimilés et durables. Ce que semble dire cette maxime chinoise :

> « Dis-moi et j'oublierai ; explique-moi et je comprendrai ; implique-moi et je m'en souviendrai. »

Dans la plupart des écoles primaires au Sénégal, il y a sans doute une insuffisance notoire en ce qui concerne le matériel didactique requis pour enseigner la science. Toutefois, nous faisons remarquer qu'autant en formation initiale que sur le terrain, les instituteurs ne sont pas outillés, encore moins encouragés, à fabriquer le matériel didactique simple dont ils ont besoin. L'instituteur, plus que tout autre enseignant, doit être un exemple vivant de ce qu'il exige d'enfants pour qui il incarne le savoir. Quoi de plus normal que d'être soi-même ingénieux avant de prétendre développer la créativité de ses élèves ?

S'agissant des effectifs pléthoriques en cause dans la difficulté ou l'impossibilité supposée d'enseigner la science, nous donnons à prendre de la graine d'un exemple tout à fait remarquable du même enseignement et dans conditions similaires qu'un séjour en Corée du Sud nous a, fait découvrir. En effet, dans des classes de 50 à 60 élèves, les enseignants coréens parviennent à donner avec succès des cours de sciences, dans une atmosphère de travail impliquant tout le monde, dans la discipline et le calme.

Pour les mêmes effectifs au Sénégal, les rares instituteurs qui « osent » des leçons de science avec des « expériences qu'on touche » parlent de séances laborieuses qui, si elles ne sont pas tronquées, aboutissent très souvent à des échecs.

Manifestement, ce qui est en cause ici et là, c'est moins la pléthore d'élèves que le manque de discipline dont les élèves font montre devant un enseignant en manque d'autorité et qui ne sait pas gérer de grands groupes. Nous sommes d'avis que ce qu'il faut organiser dans nos classes c'est moins le travail que la discipline car l'organisation de la discipline déteint en général positivement sur l'organisation du travail.

L'autorité du maître sied à une relation dissymétrique entre le détenteur du savoir et des valeurs qu'il est et le récepteur qu'est l'élève. Elle doit être constamment présente dans la relation pédagogique au risque de transformer la classe en un lieu de palabres inutiles où tout est permis à l'élève.

L'incapacité des élèves et des étudiants de rester silencieux pendant un cours est révélateur d'un problème de discipline notoire.

Il faut savoir que la discipline, comme les connaissances de base, s'acquiert à l'école primaire sinon elle ne s'apprend plus. Les instituteurs ont certes des postures différentes plus ou moins favorables à l'instauration de la discipline scolaire, mais — et c'est à regretter — l'institution scolaire, elle, semble ne plus demander cette exigence par rapport à soi-même. Le discours tenu par les instances officielles depuis des années a fortement tendu, si ce n'est pas à les négliger, à proscrire cet apprentissage fondamental.

Il urge d'y remédier et les enseignants ont l'obligation de faire comprendre et admettre aux élèves, que leur univers culturel est, du moins dans ce qu'il a de meilleur, plus vrai, plus profond et plus intéressant que celui auquel on risque d'en rester si, comme Peter Pan, on s'accroche à l'enfance. En effet, lorsqu'il a été demandé, à des élèves en classe de cinquième de collège, de donner, par un dessin ou un simple schéma, une représentation globale de l'intérieur de leur corps ; d'y retracer, par exemple, les grands moments de processus tels que la digestion ou la circulation sanguine, les résultats ont été fort amusants. Certaines représentations étaient ingénieuses. D'autres étaient touchantes, mais toutes étaient significatives, sur le plan psychologique et symbolique, de la vision que l'enfant a de lui-même. Mais il faut le dire nettement : sur le plan scientifique, qui en l'occurrence intéresse d'abord l'école, ces représentations ne se situent pas au même niveau et ne possèdent pas la même valeur que les explications données par l'enseignant. Cet exemple simple et métaphorique vaut dans toutes les autres disciplines.

En ce sens, il nous faut admettre que la finalité de la culture scolaire est de préparer les élèves à entrer dans un univers d'adultes qui peuvent s'enorgueillir de ce qu'ils peuvent transmettre et léguer aux jeunes générations pour leur permettre de s'inscrire à leur tour dans un monde qu'elles seront appelées, elles aussi, à habiter, à enrichir et à transformer. Et, c'est ici le lieu de signaler la pertinence d'une interrelation des apprentissages à travers la valorisation des travaux de groupe et l'entraide mutuelle. Il s'agit, en d'autres termes, de dépasser le constructivisme, qui met en relation le sujet connaissant et l'objet de connaissance, pour le socioconstructivisme qui introduit la médiation sociale comme nouvelle dimension dans le processus d'enseignement-apprentissage.

Ceci étant dit, nous pensons que la raison non évoquée par les enseignants au sujet de la science dont l'enseignement est supposé difficile, demeure l'appréhension d'une leçon nécessitant des expériences scientifiques dont les résultats et les biais qui s'y rattachent ne sont pas maîtrisés à priori. Dans cet ordre d'idées, nous pensons notamment à une classe d'activités de mesures où une institutrice, ignorant l'existence d'erreurs de parallaxe et d'autres liées à l'instrument de mesures, n'arrivait pas avec ses élèves de CM2 à trouver les grandeurs exactes recherchées.

Nous pouvons aussi évoquer le cas de cet enseignant, sans doute pas isolé, qui se sert de ses élèves pour expliquer les notions logicomathématiques « inférieur à », « supérieur à » et « égal à ».

« Amy est supérieure à Astou »

« Amy est supérieure à Ndèye »

« Amadou est inférieur à Khady »

« Marième est égale à Seynabou »

Nous entendons bien l'intention louable de faire saisir le sens de ces notions, nous ne pouvons pas ne pas condamner ce qui, dans la démarche de cet instituteur, s'apparente beaucoup plus à un manque d'imagination qu'à autre chose. Il y a là comme une exagération pour ne pas dire une ignorance de l'application du principe de variabilité mathématique eu égard aux probables dérives de telles comparaisons.

Tout aussi inédites, ces appellations d'éléments de géométrie qu'un instituteur répétait sans cesse à ses élèves.

« Cette droite s'appelle droite A »

« Cette demi-droite s'appelle demi-droite B »

« Ce segment s'écrit (AB) »

Sans trop nous attarder sur les raisons irrecevables qui font reléguer au second plan l'enseignement de la géométrie, nous considérons que ces manquements relevés sont symptomatiques d'une formation initiale uniforme destinée à des candidats aux profils pourtant différents surtout depuis le relèvement du niveau de recrutement : il faut être titulaire d'un baccalauréat, toutes séries comprises. De plus, selon beaucoup d'élèves-maîtres, les théories sur la didactique des mathématiques l'emportent largement sur ce qui fait le métier, c'est-à-dire la pratique de classe.

La pertinence de cette parenthèse ouverte sur des activités de mathématiques dans notre réflexion sur l'enseignement de la science se justifie surtout par le fait qu'en activités de résolution de problèmes mathématiques — moment d'intégration — comme en leçon de science, il d'agit de faire apprendre à raisonner, c'est-à-dire à avoir dans la vie, dans ses actions et dans ses pensées des façons de faire qui soient raisonnables.

Les élèves sont confrontés à des situations problèmes mathématiques de plus en plus complexes, qui ne les incitent pas au raisonnement, à la démonstration et à la rédaction. La leçon de résolution de problèmes, au lieu d'être un moment de mobilisation intériorisée et d'intégration de ressources diverses acquises à travers d'autres apprentissages, reste globalement dominée par l'application de formules mal assimilées.

Dans le même temps, nous déplorons le fait que de plus en plus d'enseignants ne sont pas portés- le mot est peut-être trop faible — à la résolution de problèmes. Dans un métier qui a eu tendance à se féminiser ces dernières années, ce retrait vis-à-vis des activités de résolution de problèmes est d'autant plus inquiétant qu'il est davantage observé chez les enseignantes.

Nos interlocuteurs critiquent de manière acerbe une avalanche de termes nouveaux, de techniques de résolution et de types de problèmes mathématiques que la réforme du CEB les enjoint d'utiliser en classe : données connues, superflues ou inconnues, méthode de Miche, méthode régressive ou de chainage en arrière, déductogrammes, algorithmes, problèmes a-didactiques, etc.

Ici aussi, le langage tient une place non négligeable quand on sait que les énoncés mathématiques sont avant tout des textes dont il faut savoir au préalable saisir le sens. Les capacités de raisonnement logique en mathématiques sont indissociables d'une connaissance structurée de la langue qui faut aujourd'hui défaut. L'enseignement primaire que nous avons eu au Sénégal — et qui était très bon — était fondé sur les éléments. Par exemple, dans l'enseignement de la langue, les enfants apprenaient d'abord des choses simples et peu à peu allaient vers des choses plus élaborées. L'apprentissage de la lecture-écriture, portait d'abord sur les lettres, les syllabes, les mots et la phrase avant l'étude de textes entiers. Dans les manuels d'aujourd'hui et par l'approche globale de la lecture qui est de mise, l'ordre est complètement inversé. Les élèves commencent par apprendre différents types de textes complexes avant de se mettre à y rechercher des indices et autres détails plus simples. De même, dans les anciens manuels de grammaire, on voit qu'on parle d'abord des mots, et de leur nature, puis des phrases et progressivement de la fonction des mots dans la phrase, des propositions, etc. Dans les filières littéraires au lycée, la logique globale de l'enseignement y est sans doute pour beaucoup dans les nombreuses lacunes imposant des modules de remise à niveau notamment en orthographe et en grammaire.

Cela dit, nous faisons remarquer qu'aujourd'hui, l'approche globale de l'enseignement au primaire ne concerne pas seulement l'apprentissage de la lecture. Elle s'étend aussi à l'enseignement des mathématiques. Là aussi, les élèves sont systématiquement confrontés à des problèmes complexes avec lesquels il leur est demandé de se comporter en quelque sorte comme de « petits chercheurs ».

Les situations problèmes sont complexifiées et stéréotypées sans qu'une exigence de raisonnement ne soit clairement exprimée. A ce sujet, le témoignage suivant d'un instituteur au CM2 est très parlant :

> « Dans notre école, nous obtenons d'excellents résultats au CFEE (Certificat de Fin d'Etudes Elémentaires). Nous avons quasiment 100% de réussite. Nous apprenons à nos élèves à reconnaître un certain nombre de questions types et quand ils reconnaissent ces questions, à répondre de manière automatique. »

Cet instituteur semble dire que ses élèves sont conditionnés. Avec la réforme du CEB, les actuels problèmes mathématiques et les questions qui sont posées sont devenus tellement stéréotypés que les élèves obtiennent facilement la moyenne et même parfois beaucoup plus. Il ne s'agit plus de raisonner. Il ne s'agit même plus de réfléchir ou de rédiger, mais plutôt de savoir répondre comme un automate à certaines questions et cela suffit.

Depuis les années 1990, l'enseignement élémentaire est le théâtre d'une réforme radicale entreprise au nom d'un certain nombre de slogans à savoir rendre l'enseignement plus « intelligent » et rendre les élèves plus autonomes.

Cependant, le résultat que le terrain donne à voir est opposé, particulièrement s'agissant de l'enseignement des mathématiques et de la science.

On est bien loin de l'ancien certificat d'études primaire qu'on passait à 12, 13, 14 ans voire plus. Les problèmes d'arithmétique très élémentaires de ce certificat comprenaient un énoncé condensé composé de quelques phrases pour présenter le contexte et une ou des questions posées à différents endroits du texte. La résolution du problème demandait un raisonnement qu'il fallait développer soi-même en plusieurs étapes. Il fallait découvrir ces étapes et les rédiger. Autrement dit, pour répondre aux questions posées, il fallait raconter une « histoire mathématique » ; faire une démonstration, un raisonnement avec un plan à développer en écrivant des phrases à la manière d'une rédaction en français.

Une telle démarche est d'usage universel. Elle est extrêmement utile pour tout type de connaissance qu'on est appelé à acquérir. Aussi bien dans la perspective de continuer des études scientifiques ou littéraires que de rentrer dans la vie professionnelle, le genre de travail qu'il sera demandé de faire ne consistera jamais à être confronté à des problèmes dont toutes les réponses aux questions sont prémâchées.

De plus en plus, les problèmes proposés en classe appellent, pour être résolus, des réponses quasi immédiates. Dans la réalité de la vie intellectuelle et professionnelle, les choses sont différentes. Nous ne le dirons jamais assez, l'esprit de l'ancien certificat d'études était bien préférable. Le type de problèmes qui étaient posés ressemblait infiniment plus à ce que sont les mathématiques vivantes, celles pratiquées par les chercheurs.

Une lecture attentive des programmes et des manuels actuels des filières scientifiques au lycée permet de constater qu'ils font appel à un certain nombre de mots savants qui ne sont plus insérés dans des raisonnements qu'il faut faire : dérivé, primitive, intégrale, etc. Dans la plupart des lycées, les blocs scientifiques n'existent que de nom. Certains blocs existants depuis la création du lycée sont des magasins ni plus ni moins, abritant du matériel scientifique de l'époque d'Archimède. D'autres blocs parfois nouvellement construits au nom de la promotion de l'enseignement de la science sont des locaux désolés servant de greniers dans le meilleur des cas.

A l'université, la plupart des étudiants qui ont suivi un enseignement déficient, comme c'est le cas actuellement dans les ordres inférieurs d'enseignement, ont du mal à faire des études supérieures abouties. Les élèves arrivant à l'université, ayant été habitués au collège et au lycée à pratiquer les mathématiques comme un apprentissage d'automatismes, ne sont pas capables de pratiquer les mathématiques autrement. L'on est alors réduit à l'université, à de leur apprendre à faire les mathématiques de la même façon, c'est-à-dire par l'acquisition d'autres automatismes.

Nous avons des témoignages absolument effrayants de professeurs sur l'incapacité dans laquelle se trouve la plupart des lycéens et des étudiants de former ne serait-ce qu'un énoncé mathématique simple. Et comme nous l'avons déjà dit, pour former un tel énoncé ou pour comprendre ce type d'écrit par exemple dans un cours ou dans un livre de mathématiques, il faut d'abord maîtriser la grammaire de sa propre langue. Or, pour la plupart des étudiants, ce préalable n'est pas acquis du tout. D'après les témoignages que nous recevons et qui sont une source fiable d'informations, les filières de physique sont parmi les plus sinistrées. Les professeurs de physique rencontrés donnent les témoignages les plus impressionnants.

Ce qui est saisissant dans les témoignages des enseignants, c'est le constat largement partagé que la plupart des problèmes rencontrés pour enseigner la science et les mathématiques sont causés par des lacunes qui remontent à l'école primaire : des lacunes de français, des lacunes de mathématiques les plus élémentaires et, ce qui est très important, des lacunes de comportement.

Nous avons parlé de l'importance du « lire », « écrire » et « compter » qui est la trilogie absolument obligatoire à l'école primaire depuis les origines. Qui penserait que ce n'est pas ce que nous devons léguer à nos enfants, de savoir des mots, de savoir une grammaire correcte et de savoir s'exprimer ? Eh bien à cette trilogie, nous pensons qu'il faut systématiquement ajouter « raisonner ». Evidemment la science n'est pas la seule activité qui le favorise même si elle y contribue grandement.

S'agissant de l'enseignement de la technologie qui est inséparable de celui des mathématiques et de la science dont elle représente les nombreuses applications, instituteurs comme formateurs au CFTP (Centre de Formation Technique et Professionnelle) disent que, même quand il est fait, cet enseignement reste totalement inadapté pour inciter les enfants à la créativité. Les visites d'ateliers d'artisans ainsi que la rencontre avec des professionnels de ces secteurs sont choses rares à l'école et ne conduisent pas à une recherche et à une étude des aptitudes, des savoir-faire et des objets nécessaires à la production. La description, le dessin et la schématisation d'objets utilitaires techniquement réussis ont disparu des activités de l'école.

Chez la plupart des élèves qui arrivent par défaut dans les CFTP, les formateurs décrient un manque de maîtrise d'automatismes dans les techniques opératoires, une absence d'expériences de manipulation et de construction de figures et de volumes de la géométrie plane, une mauvaise maîtrise des unités de mesures et de leurs rapports.

Pour les formateurs, des contenus de l'enseignement de la technologie sont lacunaires et l'école est privée fait que cette d'un environnement stimulant l'intérêt des jeunes dans ce domaine. Selon eux, il serait donc utile d'apprendre à l'école à avoir une vision « pratique » des objets quotidiens, à savoir les utiliser et les réparer.

Les lignes qui précèdent peuvent sembler alarmistes mais elles traduisent fidèlement les témoignages sans fard d'instituteurs et de professeurs que nous avons jugé nécessaire de rendre publics. Nous avons souhaité — c'est une des motivations de ce livre — que ces enseignants aient la possibilité de s'exprimer beaucoup plus qu'ils ne le font sur les sujets de l'éducation. Ces gens qui ne font partie d'aucune hiérarchie sont à nos yeux ceux qui sont les plus à même de dire les choses telles qu'elles se passent sur le terrain. Nous appartenons à un univers intellectuel assez composite et au-delà des témoignages reçus, nous entendons autour de nous ce que disent les enseignants avec qui nous sommes en contact quotidien. Nous avons simplement voulu que ce qu'ils disent en privé tous les jours, paraisse dans le débat public.

Nous pensons que la situation de l'éducation au Sénégal est grave et que pour songer à un début de redressement, il faut nécessairement une prise de conscience qui passe par l'écoute de la voix des instituteurs et des professeurs.

Le redressement de l'école primaire est une priorité puisque tout le système éducatif repose sur lui. Pour des actions efficaces, il faut commencer par la base, c'est-à-dire dans les classes, non pas par des directives officielles, mais de manière concrète. Il faut s'appuyer d'abord sur les cellules d'animation pédagogique et sur les CODEC (Collectifs de Directeurs d'Ecoles) qui sont par excellence les instances fédératrices des « maçons au pied du mur » qui, non seulement, dénoncent la situation, mais aussi font des propositions pour sortir l'école d'une crise permanente : réhabilitation en priorité de l'apprentissage de la langue de travail, rénovation de l'enseignement des sciences et des mathématiques, apprentissage systématique de l'écriture-lecture dans une progression allant des lettres aux textes en passant par les mots et les phrases, apprentissage des disciplines outils tels que la grammaire et la conjugaison, apprentissage de la géographie physique et humaine, apprentissage de l'histoire chronologique, etc.

Il faut travailler à retrouver l'esprit ou les principes fondamentaux sur lesquels était fondée l'école primaire et au-delà l'ensemble du système éducatif, c'est-à-dire la valeur accordée aux savoirs, la valeur de l'instruction.

L'une des grandes causes de la destruction de l'école dans ces dernières années c'est qu'on a demandé à l'école de faire autre chose que d'instruire. On lui a demandé ou du moins on attend d'elle qu'elle transforme la société ; qu'elle contribue à diminuer les inégalités sociales ; qu'elle fasse que les enfants apprennent à vivre ensemble. Depuis quelques années, il y a un nouveau discours sur la citoyenneté.

Au rythme où nous voyons évoluer l'école sénégalaise, nous pouvons aisément constater que certaines préoccupations avancées sont en porte-à-faux avec la réalité. On sait qu'aujourd'hui l'ascenseur social par l'école est bloqué. On a voulu une école plus égalitaire, mais le résultat auquel on arrive est exactement le contraire. De même, on a voulu une école avec un enseignement intelligent qui rend les élèves plus autonomes, mais là aussi le résultat est contraire à l'objectif affiché, c'est-à-dire que les élèves arrivent à l'université ou dans le marché du travail sans être autonomes.

Ce que nous demande c'est une école primaire et de manière plus générale un système éducatif (un collège, un lycée, une université), recentrer sur sa raison d'être qui est d'instruire, de transmettre des connaissances. Si l'école s'y consacre, elle procure plus de bénéfice induit. Elle permet, par exemple, l'ascension sociale de beaucoup comme cela a été le cas au Sénégal pendant longtemps.

Pour ce qui est des programmes, il faut les rendre progressifs, c'est-à-dire s'appuie, chaque année, sur ce qui a été fait dans l'année précédente. Aujourd'hui quand vous regardez le programme de l'école primaire jusqu'au collège, il n'y a quasiment pas de progression, c'est-à-dire que chaque année les mêmes choses sont répétées.

A la formation initiale des maîtres nous pensons qu'il y a forcément des réformes à faire ; ce qui n'est en rien un déni de ce qui est en train de se faire de bien. La réflexion pourrait être davantage orientée vers une mise en en situation devant permettre de faire réaliser aux futurs instituteurs bon nombre des expériences qu'ils feront à leur tour faire à leurs élèves en classe. Les instituteurs qui ainsi prendraient part à la réalisation d'une expérience scientifique auraient plus d'enthousiasme à répéter cela avec leurs élèves sans craindre de passer à côté. Un bon formateur à l'EFI (Ecole de Formation des Instituteurs) leur ayant préalablement parlé de comment il faut s'y prendre, de tout ce qui pourrait mal tourné, de ce qui se passe dans une classe, etc.

Il serait aussi possible de penser à systématiser le retour périodique à l'EFI au terme d'un certain nombre d'années de classe afin de faire le bilan de ce qui a marché et de ce qui n'a pas marché comme expérimentations scientifiques dans la classe et qu'il serait bon soit de renforcer ou alors de corriger pour mieux faire. Si le retour à l'EFI s'avère lourd à porter d'un point de vue budgétaire, il sera alors nécessaire de reconsidérer le fonctionnement des cellules d'animation pédagogique pour en faire de véritables cadres de formation continue.

Nous pensons qu'il faut pour la science, peut-être plus encore que pour d'autres disciplines, que l'enseignant soit amené à travailler lui-même sur ce qu'il va faire faire à ses élèves. Le renforcement du temps de stage en responsabilité entière dans les classes et en responsabilité partielle à l'EFI contribuerait assurément à mieux améliorer les capacités des instituteurs et à rendre ainsi leurs enseignements plus significatifs et plus utiles.

C'est connu, les études qui marchent le mieux au Sénégal, dans le cadre des études scientifiques sont les études de médecine qui autorisent les futurs médecins d'être à l'hôpital très vite. Ils passent beaucoup de leur temps à être formés par le « learning by doing ». Il devrait en être ainsi pour la formation au métier d'enseignant. En République de Corée, l'enseignement des sciences n'est pas uniforme comme au Sénégal. Chaque école, chaque localité peut adapter l'enseignement de la science aux spécificités locales. Le programme est flexible et les enseignants sont autonomes dans la hiérarchisation des sujets à couvrir.

Là-bas, les horaires pour l'apprentissage des sciences sont très importants. Dans certaines organisations du temps d'instruction, il y a jusqu'à cinq leçons de science par semaine.

Cette réflexion dont nous mesurons bien les limites, n'atteindra son objectif que si elle contribue à renforcer la conviction en l'importance de la science dans le développement véritable dont l'école sera la fabrique incontournable.

Chapitre 3

Pistes d'actions

Les développements récents de la recherche en éducation ont suscité diverses réflexions pédagogiques et didactiques et ont permis de proposer plusieurs approches novatrices reconnues. Ainsi, les préoccupations des chercheurs ne sont plus seulement orientées vers la recherche fondamentale, mais aussi vers l'élaboration de moyens d'intervention pour le milieu scolaire. C'est en accord avec cette optique que nous nous évertuons ici, dans le prolongement du chapitre 2, à proposer quelques pistes susceptibles d'apporter des réponses pratiques satisfaisantes à des questions qui se posent avec toujours plus d'acuité dans la conduite de classe.

A nos yeux, en effet, les énormes défis qui interpellent nos pays en voie de développement sont autant de justifications légitimant un réel souci de décloisonner la recherche, l'enseignement et l'intervention. Dans la vie, s'il est parfois nécessaire de s'interroger sur le pourquoi des choses autour de soi, il y a aussi quelque grandeur à les imaginer telles qu'elles pourraient être et à se dire pourquoi pas. Dans ce sens, nous saluons les initiatives parfois audacieuses de très respectables universitaires qui se livrent inlassablement à la recherche dont on sait combien elle est isolante et risquée, pour que les résultats issus de leurs laboratoires puissent servir de vivier à la décision politique.

La voix de ces hommes et femmes de science devrait être davantage entendue, notamment sur des questions d'intérêt national comme celle concernant l'école que nous avons tous en partage. L'opinion courante selon laquelle « il n'y rien à trouver » nous est irrecevable tout comme celle consistant à déplorer que d'autres pays d'Afrique viennent, pour leur propre développement, « dépoussiérer des résultats de recherche en souffrance dans nos universités nationales ou dans les tiroirs de nos politiciens ». Faire davantage dialoguer les chercheurs — de quelque bord qu'ils se situent — avec la communauté des contribuables sénégalais, voilà ce qui, pour nous, est la condition nécessaire pour que les trouvailles des premiers rencontrent les attentes des seconds. Mais, à n'en pas douter, cet accord ne pourra se réaliser qu'avec l'arbitrage de décideurs politiques plus soucieux de l'intérêt général.

En ce qui concerne l'école, la préoccupation à la souveraineté exige d'encourager les innovations endogènes efficaces de remédiation de ce qui ne marche pas ; d'adaptation de ce qui marche chez les autres et, pourquoi pas, de création de ce qu'on ne fait pas ailleurs. La volonté politique est indispensable tout comme l'institution scolaire a son rôle à jouer en prenant des positions nettes, sous peine d'abandonner le terrain à des discours sans fondements scientifiques souvent guidés par la nostalgie.

L'école devra se rappeler, dans la promotion de la réflexion sur des sujets qui traversent son fonctionnement, que ce sont les pratiques pédagogiques, qu'elles soient individuelles ou collectives qui, pour une bonne part, décident de la réussite ou de l'échec des élèves.

Promouvoir cette réflexion passe aussi par le développement, en partenariat avec l'Université, d'une véritable recherche-action centrée sur des chantiers d'envergure. Ainsi, elle [la recherche] sera plus utile aux enseignants en alimentant le contenu de leur formation. Il ne s'agit évidemment pas de prescrire des consignes ou d'imposer des méthodes prêtes à l'emploi, mais bien d'inciter à l'échange, à la curiosité, à la réflexion et surtout à l'action. Dès lors, les pratiques innovantes de la lecture rénovée ainsi que l'expérience du journal scolaire sont à méditer et, évidemment, à faire essaimer et se pérenniser.

Si nous donnons ces deux cas en exemple, c'est parce qu'ils ont été les deux seules expériences audacieuses rencontrées sr le terrain et dont les résultats satisfaisants confortent nos hypothèses relatives à l'inefficacité de la méthode de lecture dite globale et à l'insuffisance de manuels scolaires adaptés aux goûts et aux réalités des enfants. La première expérience propose une rénovation de la pratique de la lecture telle qu'envisagée dans le curriculum à travers l'approche par les compétences. La seconde est relative à l'édition d'un journal scolaire pour combler l'insuffisance des manuels scolaires et rendre l'enseignement de la lecture plus significatif, plus utile et plus différencié. Les considérations pratiques de cette expérience sont données dans le dernier chapitre « Le journal au service de la communication » de notre premier ouvrage intitulé « L'école sénégalaise. Faut-il totalement désespérer ? » En guise d'illustration, nous donnons un exemplaire de ce journal en annexe.

A l'école élémentaire, les guides pédagogiques pour les différentes étapes ne disent pas explicitement qu'il faut rénover la pratique de la lecture ou se servir du journal scolaire comme moyen d'apprendre à communiquer. Ces deux expériences sont des activités relevant de l'imagination et de la créativité d'enseignants conscients de la nécessité d'avoir une lecture plus proactive des programmes et des méthodes pédagogiques en usage.

Pour tenter de remédier aux maux dont souffre l'école dans son fonctionnement tout comme dans sa gestion, la question de l'opportunité de la réforme curriculaire, posée sans détour dans notre second ouvrage, devrait faire réfléchir à l'idée qu'il peut être plus efficace, dans certains cas, de choisir quelques réformes circonscrites et prioritaires à partir de ce sur quoi tout le monde ou la plupart s'accordent pour dire qu'il y a urgence. Cela fait éviter de prendre les propositions programmatiques pour des vérités « bibliques » ou de tomber dans le mythe de la grande réforme et de chercher des ruptures artificielles : réforme de l'élémentaire et du collège avec son cortège de nouvelles grilles horaires, de nouveaux programmes et de dispositifs pédagogiques inédits. Une réforme sans cesse rebaptisée d'un nom nouveau censé porter la marque du régime politique en place. Contre cette tendance de réforme systémique, nous rappelons que l'école est un secteur où prévaut la longue durée. C'est donc en étant capable de concilier le temps de l'action pédagogique, le temps de l'action administrative et le temps de l'action politique que nous réussirons à inscrire dans la durée un projet cohérent et à évaluer un certain nombre d'actions utiles et déterminantes.

Sans prétendre donner des solutions toutes faites, nous proposons des pistes d'intervention susceptibles, selon l'usage qui en est fait, de contribuer à l'amélioration des pratiques de classe dans le contexte de l'application généralisée de la réforme du CEB.

A l'heure où la qualité est devenue un objectif prioritaire dans les discours officiels sur l'éducation, les différents agents - institutions internationales, gouvernements, syndicats, parents d'élèves, etc. — ont intérêt à œuvrer en synergie dans l'élaboration et la définition des indicateurs pour décrire et mesurer cette qualité.

Dans le débat public, les familles pourtant usagères principales de l'école ne sont que peu sollicitées pour déterminer cette exigence. Or, leurs pratiques de scolarisation montrent bien souvent leur opposition vis-à-vis des politiques mises en place et justifient l'importance de la prise en compte de leurs représentations.

Dans l'ordre de la pédagogie, une place de choix doit être accordée à la lecture, base de tout apprentissage scolaire. Dans les pays en voie de développement comme le nôtre, les résultats de la recherche en éducation montrent que la disponibilité de manuels scolaires, en particulier de livres de lecture, est l'un des facteurs de l'environnement scolaire qui exerce l'influence la plus positive sur les performances des élèves et aussi l'un de ceux qui présentent le meilleur rapport coût/efficacité.

Entre les différents cycles d'enseignement, il nous semble nécessaire d'inscrire le curriculum dans la perspective de développement d'une éducation de base dont il est indispensable de bien marquer l'unité et la continuité. Il faut, par exemple, une mise en cohérence des programmes à l'intérieur d'un même sous-secteur (préscolaire, élémentaire et moyen). Il est également nécessaire de réaliser l'intégration des différents programmes en cours dans un même secteur ainsi que les bonnes pratiques pédagogiques, qu'elles soient nouvelles ou anciennes. L'absence d'intégration de ces différents programmes est préjudiciable aux objectifs de qualité dans la mesure où la gestion de plusieurs programmes s'avère trop difficile voire impossible pour des enseignants qui ne se sentent pas accompagnés dans leurs tâches quotidiennes.

Nous voulons donner à envisager l'école comme un espace ouvert à la communauté éducative des alphabétiseurs, techniciens, animateurs culturels et autres personnes ressources, pour davantage coller à l'esprit d'ouverture (socioconstructivisme) qui caractérise le programme curriculaire. Nous pensons que l'école, par sa structure bureaucratique et par sa fonction de coordination d'apprentissages programmés, est incapable de répondre seule aux attentes d'un projet éducatif global. Le plaidoyer pour une école sénégalaise de son milieu et ouverte à celui-ci rejoint la préoccupation des réformateurs pour qui l'on apprend à tout âge (éducation, alphabétisation) et en plusieurs lieux et occasions : à l'école, dans la famille, dans le quartier, dans le village et bien au-delà.

L'école de son milieu est celle où il peut être permis de tenir compte des réalités et spécificités locales dans la planification des activités de classes. Elle suppose une flexibilité des programmes et une responsabilisation des personnels dans les établissements. Pour nous, l'évolution des pratiques à l'école ne se fera pas dans l'injonction à changer, mais dans la co-construction. Nous constatons que beaucoup de questions se règlent au niveau local, et donner des instructions par trop détaillées peut faire douter de la compétence des enseignants, ainsi que de leur intelligence des situations.

Les instructions et directives de la tutelle devraient davantage s'orienter vers une déconcentration des initiatives tout en veillant à ce que cela ne se traduise pas par un abandon des enseignants à eux-mêmes ou encore par ce qui pourrait ressembler à la politique du « débrouillez-vous ». Il ne s'agit pas, au prétexte de l'autonomie, de transférer toute la charge sur les enseignants qui auraient ainsi, seuls, à refonder sans cesse la légitimité de leurs choix pédagogiques.

L'ouverture de l'école au milieu doit être perçue comme un impératif catégorique auquel il sera quasiment impossible de se soustraire sous peine d'enfermer l'école sur elle-même et de la priver d'importants apports extérieurs pouvant provenir de sources diverses et variées. C'est ici que se trouve la pertinence des exemples de classes extra-muros : visites de sites historiques ou classes-promenades chez des artisans. Ce sont là des occasions à partir desquelles l'enfant apprend à donner de la signification à des notions, des formules, des sentences voire des faits que trop souvent il ne reçoit qu'imparfaitement par abstraction, entre quatre murs. Le travail pratique sur la matière (métaux, bois, …) et sur les notions de masses, de longueurs et d'angles, avec des personnes dont c'est la spécialité, au-delà de son caractère motivant et utilitaire, peut faire naître des vocations et ainsi contribuer à déconstruire, à cet âge, certains tabous et préjugés défavorables notamment autour du travail manuel.

En République de Corée, dans la plupart des écoles primaires, il y a des intervenants extérieurs qui dispensent des cours à tous les niveaux. Dans beaucoup de classes, le maître, une heure par jour, est relevé par une personne ressource qui fait un cours de science ou bien raconte une histoire.

Dans tous les cas, il s'agit toujours d'un intervenant spécialiste dans une autre discipline et qui donne ainsi un petit peu de temps de relaxation – les enseignants sont parfois complètement harassés en fin de semaine — à l'enseignant qui peut rester dans la classe, dans la perspective de consolider les acquis des séances données. Cette relève temporaire, au-delà de constituer un moment de pause très apprécié des titulaires de classes, rapproche l'école du milieu en lui faisant bénéficier de compétences de personnes ressources assermentées et disposées à intervenir si l'école les sollicite.

De toute évidence, dans ce qu'il est convenu d'appeler la relation école-milieu, la pertinence d'une telle pratique n'est pas discutable et les bénéfices en termes de performances l'emportent largement sur les questions de budgets qu'elle pourrait soulever.

L'ouverture de l'école au milieu passe aussi par la mise en place de chartes de qualité. Le PTA (Plan de Travail Annuel) élaboré dans le cadre du CAQ (Contrat d'Amélioration de la Qualité) est, à cet effet, un excellent biais par lequel il est possible de susciter une plus grande adhésion de la communauté à son école et à ses réformes. Il faudrait davantage pouvoir prendre des engagements concrets en matière d'accueil, d'information, d'orientation, d'utilisation plus autonome des crédits horaires et des contenus-matières, mais également de prestation de services voire de recrutement de répétiteurs ou assistants d'éducation. Une telle démarche prolonge et dépasse le simple projet d'établissement tout en inscrivant l'école dans une optique d'exigence non pas simplement de moyens mais de résultats. La GAR (Gestion Axée sur les Résultats) dont il est question de la mise en œuvre en éducation est une stratégie de gestion de programmes et de projets focalisée justement sur la performance et l'obtention effective de résultats, par opposition aux approches traditionnelles centrées sur le suivi des activités, des produits et des ressources. Les deux termes « gestion » et « résultats » sont inséparables et d'égale importance. Une bonne gestion est indispensable à l'obtention de résultats de qualité et inversement.

La réforme du curriculum prône l'autonomie, la responsabilité, la transparence, l'obligation de résultats plus que l'obligation de moyens et la participation de toutes les parties prenantes aux différentes étapes du processus de gestion. A l'exception de la reddition de comptes, 6 sur 7 des principes de la GAR sont explicitement convoqués dans le CEB dont les CAQ offrent un cadre d'opérationnalisation de cette stratégie : le PTA (Plan de Travail Annuel) et le PAV (Plan d'Action Volontaire) sont les deux instruments par lesquels l'implication de tous les acteurs est un gage d'efficacité de la GAR. Toutefois, dans la réalité, il faut dire qu'il y a des manquements qui, si on n'y prend garde, risquent de fausser l'esprit des CAQ. En effet, dans la plupart des cas, les plans d'actions élaborés ne sont pas pertinents et laissent entrevoir des actions plus motivées par une consommation de crédits en souffrance que par l'atteindre d'un résultat. Il s'ajoute un leadership faible dans la direction des écoles et un manque d'ouverture de l'école au milieu et une absence notoire d'une culture de l'évaluation des programmes et projets. Or, seule une évaluation permet de sortir des jugements émotionnels et parfois trop passionnés au sujet de la qualité des apprentissages scolaires. Le développement d'une culture de l'évaluation permettra aux agents publics de se préoccuper non pas seulement de leur activité, mais aussi de ce qu'elle apporte à la communauté des contribuables.

Avec la GAR, chaque programme doit désormais être déroulé selon « la chaîne des résultats », c'est-à-dire la nécessité de mettre de la cohérence entre les finalités, les objectifs à atteindre et la façon de mesurer et d'évaluer les résultats. Ainsi, il serait possible de hisser notre école au niveau des meilleurs standards internationaux en matière de GAR. Les équipes pédagogiques et les instances de gestion et de concertation, plus encore que par le passé, peuvent être des instances d'élaboration de politiques d'éducation homologuées par les échelons du pouvoir hiérarchique. Les contrats d'amélioration de la qualité sont l'expression de telles politiques et leurs résultats doivent être soigneusement évalués. Cela permettra de redonner confiance en l'école car la confiance se nourrit aussi d'une certaine transparence dans la gestion. Une certaine transparence autour des résultats scolaires réels peut permettre de dépasser les rumeurs sans fondement et d'aller au-delà des palmarès parfois arbitraires publiés par certains médias. Afficher ses objectifs et mesurer leur degré d'atteinte doit permettre à l'école d'être mieux comprise. Dans le cas contraire, on ne fera qu'alimenter les soupçons.

L'école doit savoir regagner la confiance des familles en communiquant plus efficacement autour de ses réussites et de ses échecs. Cela pourrait d'ailleurs commencer par cesser de s'associer à la complainte au sujet du niveau qui baisse depuis des années et de sombrer dans l'inaction comme l'âne de Buridan.

Avec un peu plus de militantisme, nous pourrons faire dépasser la polémique récurrente sur l'introduction des langues nationales à l'école au profit d'un bilinguisme fécond (langue nationale à côté du français, de l'arabe ou de l'anglais). Il faut dire que, dans un monde devenu village planétaire, marqué par des courants migratoires de toutes sortes et où le Sénégal ne saurait constituer un isolat, il y a des risques de penser à supprimer des langues internationales au profit supposé de langues qui, elles, ont une portée nationale ou continentale au meilleur des cas.

L'introduction d'une langue nationale à l'école est bien possible au Sénégal. Il nous faut à ce sujet rappeler qu'avant la guerre de 1914, on estime que 50% à peu près des enfants qui étaient scolarisés en France n'avaient pas le français, langue de l'école, pour langue maternelle. Les archives du ministère de l'Education nationale (Rapports que les Inspecteurs d'Académie faisaient tous les ans aux Préfets) montrent qu'en Ariège, en Haute Garonne, dans le Finistère comme en Bretagne, la plupart des enfants qui arrivaient à l'école à 6 ans ne savaient pas parler le français. Ils avaient soit un patois soit une langue régionale comme langue maternelle. Cependant, il n'y avait pas de difficulté particulière liée au fait que la langue de l'école n'ait pas été la langue maternelle d'une partie importante des enfants et, au bout d'un an, la langue était acquise.

Au Sénégal, il y a une pluralité d'ethnies dont chacune est associée à une langue éponyme : les Peuls parlent peul, les Wolofs parlent wolof, les Diolas parlent diola, ainsi de suite. Ce qu'il est convenu d'appeler l'« exception sénégalaise » tient au fait que toutes ces ethnies vivent en parfaite entente et ont même su trouver, à travers la parenté à plaisanterie, des expédients très habiles pour conjurer les malentendus et les conflits. Au sens latin de naître et de vivre ensemble en partageant des valeurs communes, nous ne risquons pas d'exagérer en affirmant que le Sénégal est bel et bien une Nation. Ce précieux legs de nos aïeux, nous avons l'obligation de le préserver jalousement car il constitue le ciment de notre cohésion nationale. Comme il ne nous semble pas envisageable de faire de toutes nos langues nationales des langues d'enseignement à l'école, nous estimons qu'il nous faut faire preuve d'une grande prudence dans le choix – synonyme aussi de valorisation — d'une langue ou d'une autre. Ailleurs, en Afrique, la valorisation d'une ethnie ou d'une religion au détriment d'une autre a occasionné des déchirements illustrés par des conflits et abus innombrables. La banalisation d'une question aussi cruciale que l'introduction des langues nationales dans le système éducatif avec ce que cela implique en termes de respect des spécificités ethniques, culturelles et cultuelles doit absolument être évitée au risque d'ajouter à la série de crises dans l'école, la perte du caractère national, démocratique et laïque de l'institution scolaire.

En ce qui concerne l'exercice du métier d'enseignant, la formation initiale polyvalente, centrée sur les savoirs à enseigner, permettrait de maîtriser les domaines de connaissances correspondant aux différentes disciplines scolaires. De même, l'actualité de la problématique de l'enseignement des sciences et l'importance accrue des médias dans les processus de communication interpersonnelle invitent à la création de modules d'enseignement de la science et d'éducation aux médias dans les programmes. Ainsi, dans une société où les valeurs et les institutions semblent avoir perdu leur solidité d'antan et où l'école est largement concurrencée par d'autres espaces de socialisation primaire, il serait possible de faire éviter au futur enseignant de se faire une représentation inexacte de son métier ou — ce qui est assez fréquent de nos jours — de se sentir dépassé et de paraître ringard devant ses élèves.

Nous n'entendons pas par éducation aux médias, la naissance d'une discipline supplémentaire, mais plutôt l'application d'une approche qui peut être transversale, de la maternelle au lycée, que l'on soit instituteur ou professeur de mathématiques, de biologie, de littérature ou d'histoire. Nous pouvons énumérer toutes les disciplines du programme scolaire et chaque enseignant pourra mettre en œuvre de l'éducation aux médias.

Pour ce faire, l'on pourra commencer par identifier les écoles et ainsi mobiliser les enseignants militants qui se sont tournés avec enthousiasme vers cette entrée. De ce groupe de pionniers, il faudra ajouter tous les enseignants qui pensent que l'éducation aux médias est quelque chose qui manque à leurs pratiques de classes ou qu'elle répond aux besoins et à l'évolution de la société actuelle.

Nous précisons que la mise en œuvre d'un projet d'éducation aux médias implique de collaborer étroitement avec l'ensemble des « professionnels des médias », expression que nous préférons au terme de « journalistes » qui ne sont pas les seuls portés à travailler dans ce sens avec les écoles. L'éducation aux médias se situe dès lors au carrefour de ces deux mondes dans le but de faire produire par les élèves des supports didactiques (journaux scolaires, films, reportages, ...) susceptibles de contribuer à améliorer leurs apprentissages.

S'agissant de la formation à la pratique d'une éducation aux médias, il est à méditer l'exemple français du Centre de Liaison pour l'Enseignement des Moyens d'Information (CLEMI) placé sous la tutelle du ministère de l'Education nationale depuis sa création en 1980 et dont une des missions est la formation continue des enseignants à une telle pratique.

Cette structure comporte une équipe nationale d'une quinzaine d'enseignants dédiés à la formation et une équipe dans chacune des académies. Ces équipes disposent de plages horaires accordées par les inspecteurs. Les enseignants formateurs qui les composent sont pour la plupart nommés par le ministère dans cette fonction particulière de coordonnateurs du CLEMI. Ils sont chargés de sensibiliser leurs collègues, de les mobiliser et de les former.

En France, jusqu'en 2007, le CLEMI formait 25 000 enseignants par an, à travers des stages pratiques sur des sujets précis (Rapport CLEMI, 2007). Ainsi, les enseignants sont amenés à la découverte des médias en temps réel, c'est-à-dire en situation dans les studios de France 2, par exemple. Pour ainsi dire, il n'y a pas de formation qui ne se fasse sans le partenariat avec des professionnels des médias. Pour la première fois, les médias et l'école acceptaient de se rencontrer autour de tâches communes : éduquer, instruire, informer et former le projet d'une éducation aux médias fait alors se regarder autrement les acteurs de ces deux univers.

Avec l'éducation aux médias, la parole est donnée aux élèves et un travail sur leur expression est réalisé à la lumière des travaux et trouvailles (correspondance scolaire, texte libre, journal scolaire, parlement des enfants, etc.) d'auteurs de référence comme Célestin FREINET, pédagogue de la proximité vis-à-vis des jeunes.

Dans la pratique, les effets d'actions conduites par les élèves encadrés par des enseignants volontaires dans la réalisation d'un journal scolaire, la mise en place d'une radio scolaire ou la conduite de reportages télévisés permettent des bonds qualitatifs dans la maîtrise de la lecture, de l'écriture et des autres apprentissages. Mais ce travail nécessite un enthousiasme réel qui naît de l'idée que développer l'esprit critique des élèves en les faisant s'exprimer eux-mêmes, c'est utile pour eux, pour l'école et pour la communauté de manière générale. Sous ce rapport, l'éducation aux médias mérite d'être inscrite dans le socle commun de connaissances que tout élève doit posséder avant de quitter le système éducatif. Ce qui serait une reconnaissance institutionnelle pour tous les enseignants qui pratiquent une éducation aux médias et une motivation aussi pour tous ceux qui étaient, d'une manière ou d'une autre, frileux à l'idée d'éduquer aux médias.

Loin de toute volonté d'écarter les textes habituels de français ou de former de jeunes journalistes, l'éducation aux médias constitue de ce point de vue une aide précieuse pour mieux comprendre le monde et favorise l'aptitude à communiquer chez les apprenants. Travailler sur l'écriture journalistique, n'est-ce pas aussi travailler sur l'écriture ?

Parler dans une radio, n'est-ce pas apprendre à écrire, puisqu'on ne parle pas à la radio sans avoir écrit son texte ?

On le voit bien, par des moyens détournés, l'éducation aux médias peut permettre d'atteindre les mêmes résultats, c'est-à-dire une connaissance et une pratique de la langue et le développement de l'esprit critique et citoyen. Dans cette perspective, le rôle de l'enseignant, en tant que guide, est pensé moins dans une relation verticale que dans une dynamique, encore une fois, de co-construction des savoirs.

Que ce soit à travers l'éducation aux médias ou par le biais de procédés tout aussi innovants, les enseignants qui se distinguent ainsi dans leur travail par leur dévouement à servir l'école méritent d'être récompensés. C'est le lieu de recommander de remettre la méritocratie au sein d'une école sénégalaise qui a cessé d'être cet ascenseur social capable de contribuer à la réalisation du plus grand nombre de ceux qu'elle accueille entre ses murs. Parmi ces enfants, un nombre sans doute très important – aucune estimation officielle à notre connaissance — d'élèves qui échouent, abandonnent et quittent l'école. Combien sont-ils dans les différents ordres d'enseignement au Sénégal ? Quelles structures d'accueil leur sont proposées en termes d'alternatives de formations et de qualifications ?

Dans le discours officiel sur l'école, l'accent est davantage mis sur le nombre d'enfants enrôlés ou le nombre d'élèves qui frappent aux portes des collèges, des lycées et des universités, comme s'il y avait une alternative entre la démocratisation et la qualité de l'éducation. Comment comprendre, dans un pays où les gouvernements successifs prétendent faire de l'éducation une priorité, que des données à la fois quantitatives et qualitatives ne soient pas disponibles au sujet de tels phénomènes ? Comment prétendre mettre en œuvre des politiques éducatives efficaces au mépris du nombre et des besoins des premiers bénéficiaires ?

Quand nous évoquons ces questions relatives aux flux d'apprenants, aux filières de formation et au caractère uniforme du système éducatif sénégalais, nous n'oublions pas de rappeler l'efficacité d'une politique de diversification de l'offre d'enseignement qui a permis de créer une vaste classe moyenne noire en 30 ans aux Etats-Unis. En 1960, le pays sortait de la ségrégation. En 1990, dans les grandes villes américaines, vous trouvez beaucoup d'employés bien habillés avec des revenus suffisants, occupant des postes de responsabilité dans les banques, dans les assurances et un peu partout. Ce phénomène était en partie lié à la politique des quotas qui avait été utilisée dans le domaine de l'université du temps de la présidence de JOHNSON. Mais la cause principale réside dans le fait que les Américains n'ont pas de carte scolaire. La liberté de choisir son école est très grande. De même, les établissements scolaires sont extrêmement diversifiés de sorte que chacun trouve chaussure à son pied. Vous avez des universités qui sont les plus grandes universités mondiales et des universités moins prestigieuses. Il y a donc une grande diversification à la fois du point de vue des types de curricula et du niveau de prestige. En conséquence, tout le monde, après des hésitations, des essais et des erreurs, finit par trouver sa voie beaucoup plus facilement que dans un système plus unifié ou uniformisé comme l'est le système éducatif sénégalais.

Le système scolaire et universitaire américain dont nous ne faisons pas la panacée universelle est particulièrement de nature différente pour des raisons qui tiennent surtout à l'Histoire. En effet, les Etats-Unis sont un pays organisé beaucoup moins sous la tutelle de l'Etat et beaucoup plus comme l'effet de toutes sortes d'initiatives privées. La diversification du système d'enseignement résultant de cette Histoire fait que si vous ne pouvez pas aller à HARWARD — tout le monde ne peut pas aller à HARWARD ; de même tout le monde ne va pas à Polytechnique — vous essayez un niveau plus bas et puis, si ça ne marche pas, un niveau encore plus bas et ainsi de suite. A l'arrivée, on finit toujours par trouver une porte d'entrée quelque part. Dans un tel dispositif, les phénomènes de déperdition scolaire sont évidemment moins importants que dans un système où tout le monde a l'université en ligne de mire après le baccalauréat.

Notre système éducatif est semblable à « un train sans freins qui quitte une gare et fonce tout droit vers l'université où il échoue ». Nous voudrions bien croire à la viabilité de ce système, nous sommes tout de même sans voix devant la réalité sans fard d'une telle analogie.

Chaque année, ils sont des centaines voire des milliers de jeunes Sénégalais qui sont exclus du système sans avoir acquis le socle minimum de compétences transférables notamment dans l'apprentissage d'un métier dont les retombées de l'exercice permettent, nous le savons bien, d'entretenir des millions de ménages au Sénégal.

L'avenir de notre système éducation est aussi à voir dans la valorisation de la formation professionnelle et l'apprentissage des métiers. Les capacités d'accueil de ce secteur, qui n'en a pas moins un potentiel incontestable de développement, ne nous semblent pas encore suffisamment prises en compte dans les politiques nationales d'éducation et de formation au Sénégal.

Les difficultés à gérer les flux croissants d'étudiants qui frappent chaque année aux portes des universités, la prégnance de la dévalorisation des diplômes – des diplômés au chômage ou dans l'exercice de fonctions requérant souvent un niveau inférieur de qualifications —, l'échec scolaire et la baisse du niveau de maîtrise des apprentissages sont autant de phénomènes graves qui sapent les fondations et la crédibilité de notre système éducatif.

En réaction à ces dysfonctionnements, les ménages trouvent des palliatifs en termes de stratégies de scolarisation tournées vers l'option d'études courtes à fort potentiel de débouchés rapides à travers l'apprentissage de métiers. Ce changement comme tant d'autres dans la demande d'éducation implique une diversification de l'offre d'éducation et son adaptation à tous les ordres d'enseignement car tous les maillons du système éducatif sont importants. L'idée selon laquelle l'école primaire est le maillon faible du système n'est pas acceptable sachant que c'est sur elle que reposent tous les autres maillons. On s'étonne aujourd'hui que les étudiants ne soient plus cultivés et ne pratiquent plus la langue de travail, comme s'ils n'avaient pas été ces élèves dont les nombreuses lacunes jamais comblées remontent aux premières années de l'école primaire.

Il faut dire qu'une certaine gestion de l'école a atteint ses limites. Elle s'épuise aujourd'hui en une prolifération de circulaires, de documents de programmes et de projets qui s'ajoutent les uns aux autres. Or, les tentatives du système éducatif d'encadrer de plus en plus ses agents pour garantie une efficacité accrue de l'action éducative, sans se payer le prix d'une revalorisation de la fonction, au lieu de contribuer à la professionnalisation des enseignants, risque fort d'exacerber la prolétarisation en train de gagner du terrain justement en raison de ce fort contrôle de la tutelle.

Du reste, nous pensons qu'il faut aller vers le décloisonnement de ministères que pourtant tout réunit. Dans un souci de rationalisation budgétaire, de cohérence et d'efficacité de l'action gouvernementale, que dire de l'idée d'un grand ministère de l'Education nationale chargé de questions relatives à l'éducation et à la formation, à l'enseignement supérieur et à la recherche, à la jeunesse et à l'emploi ? C'est à croire, au vu du nombre de ministères et du manque de coordination dans les actions entreprises, que l'objectif commun n'est pas de contribuer à l'insertion, dans la société et dans le monde de l'emploi, de jeunes gens bien éduqués et bien formés. A cet effet, les centres d'orientations scolaires et/ou professionnels ont une carte à jouer. Il faut redéfinir leurs missions et les rapprocher autant que faire se peut des Inspections d'Académie (IA) dans les régions et des Inspections de l'Education et de la Formation (IEF) dans les départements. En les faisant fonctionner comme des structures tampons entre les établissements d'enseignement et les familles, leur rôle de conseil à l'orientation permettra alors de faire faire les meilleurs choix, que ce soit dans la poursuite des études ou dans la formation professionnelle. Il s'agira à ce niveau de concilier les attentes des parents avec les besoins des apprenants en termes de vœux et avec les propositions de passage que les évaluations des enseignants permettent d'établir. Evidemment, cela exige, de la part de tous ces acteurs, une collaboration étroite, franche et permanente, tenant effectivement compte des niveaux de préoccupation des uns et des autres. Ce travail de recherche de la filière appropriée n'est pas une sinécure. C'est la raison pour laquelle nous considérons qu'il faut le confier à des personnes dont c'est le métier et leur donner les moyens de leur politique.

L'orientation scolaire et/ou professionnelle détermine en grande partie la réussite ou l'échec dans les études. Elle ne saurait être efficace en étant le fait de décisions parentales unilatérales ou l'expression de la seule volonté des élèves. L'expérience montre que bon nombre de parents souhaitent, indépendamment des performances de leurs enfants, qu'ils fassent les études qu'ils n'ont pas eux eu la chance de faire ou dans lesquelles leurs chances de réussite ont été contrariées.

> « Moi je n'ai pas eu la chance de continuer mes études. Je les ai arrêtées très tôt en classe de CM2. Aujourd'hui je sais l'importance des études et je souhaite que mes cinq enfants aillent le plus loin possible. Je veux surtout que celui qui est en classe de 3ème au collège devienne ingénieur et je ferai en sorte qu'il en soi ainsi. Le choix des enfants à cet âge n'est pas toujours éclairé et c'est pourquoi je pense qu'il faut que les parents choisissent pour eux. Les parents savent ce qui est bon pour leurs enfants et ils doivent prendre leur décision. » (A. S., parent d'élève)

Nombreux sont les témoignages mettant en évidence une situation d'échec consécutive à la décision non concertée de parents qui n'avaient pas toutes les cartes en main. Il est frappant de constater que la plupart des parents d'élèves qui pourtant regrettent et critiquent parfois ouvertement les choix de leurs parents sont enclins eux aussi à opérer de la même manière puisqu'ils soutiennent tous qu'ils décideront de la suite à donner aux études de leurs enfants. Ce comportement est caractéristique de l'inefficacité, généralement constatée après coup, des propositions d'orientations basées sur les performances de cycles qui, de plus en plus, ne reflètent pas les réelles aptitudes et habiletés des élèves. S'y ajoute les politiques d'orientation chaotiques qui, ces dernières années, ont précipité l'échec d'un nombre impressionnant d'étudiants dans des instituts de toutes sortes.

« Après avoir obtenu le Brevet de Fin d'Etudes Moyennes (BFEM), mon père m'avait inscrit au centre de formation professionnelle d'où je suis sorti avec un Certificat d'Aptitude Professionnelle (CAP) dans la filière "Electricité et Froid". Comme je peinais à trouver du travail dans une entreprise, je me suis mis à mon compte. J'ai ouvert un atelier de réparation de matériels frigorifiques en même temps que j'interviens dans l'installation électrique. Je remercie le Bon Dieu, car je gagne ma vie tant bien que mal. Seulement, je pense que j'avais les aptitudes d'aller plus loin dans les études et d'avoir un emploi qui me permettraient aujourd'hui de mieux vivre. Mais comme cela n'avait pas été la volonté de mon père, je me contente de ce que je suis devenu tout en espérant que ce ne sera pas la même chose avec mes enfants. » (D.F., Employé dans une entreprise)

« A travers "Campusen", j'ai été orienté en gestion alors que j'ai un bac littéraire. Il m'a été impossible de suivre lors des cours de comptabilité et de statistiques qui demandent un bon niveau de connaissance des mathématiques et surtout des probabilités. C'est pourquoi, au bout de deux années d'études sans succès à Dakar, j'ai décidé de rentrer à la maison. Je regrette beaucoup de ne pas avoir écouté les conseils de mon père qui voulait que je devienne institutrice dès l'obtention du BFEM. Si je l'avais suivi, je serais aujourd'hui devenue enseignante ; ce qui n'est pas mal comme métier. La plupart de mes camarades du collège qui avaient choisi cette option sont pénards. C'est vrai qu'ils n'ont pas beaucoup d'argent, mais ils parviennent quand même à régler leurs propres problèmes et à aider leurs parents. Si c'était à refaire, je crois que je ne viendrai jamais à l'université. » (R.S., ancienne étudiante)

« J'étais très content de savoir que j'étais enfin orienté après des mois d'attente. J'étais encore plus content quand on m'a dit que je devais aller à l'Université Virtuelle du Sénégal (UVS), je ne savais pas encore ce qu'était l'UVS. A l'ouverture des inscriptions, on nous a dit que nous devions nous inscrire par internet et que nos cours aussi seraient reçus par internet. Comme je ne savais pas bien ce que tout ça voulait dire, je ne me suis pas inquiété outre mesure. Aujourd'hui, après deux années d'études infructueuses marquées par le sentiment d'avoir été pendant tout ce temps un étudiant "rescapé", je réalise que j'ai perdu mon temps à l'UVS comme beaucoup d'autres étudiants contraints d'abandonner. » (P.O.G., ancien étudiant)

« Aujourd'hui, les jeunes veulent aller le plus loin possible dans leurs études et, à la fin, ils sont au chômage. Regardez tous ces étudiants qui vont à l'université ou qu'on oriente dans les instituts privés. La plupart d'entre eux ne terminent pas leurs études et ceux qui auront la chance de les terminer n'auront pas de travail parce que l'Etat ne pourra pas les employer tous. Dans le quartier, je vois beaucoup de jeunes étudiants qui échouent et reviennent chez eux après un ou deux ans voire plus à l'université. Je serais peut-être comme eux – Dieu seul sait — si mon père ne m'avait pas confié à son ami pour apprendre un, métier. Je crois que les parents doivent décider de l'orientation scolaire et/ou professionnelle de leurs enfants. Il y va de leur chance d'avoir un emploi et de leur capacité à soutenir leurs parents. » ND.D., parente d'élève)

Ces différents témoignages ont en commun de montrer le caractère délicat de l'orientation scolaire et/ou professionnelle qui, si elle est mal conduite, peut compromettre la poursuite des études à quelque niveau que ce soit. Au-delà de son rôle de conseil, le service d'orientation scolaire et/ou professionnelle doit être un espace de concertation au plus près des acteurs institutionnels, des enseignants, des parents voire des partenaires, pour contribuer à réduire significativement, à défaut d'y mettre un terme, les taux d'échec et d'abandon dans les différents cycles du système éducatif sénégalais.

Dans cet ordre d'idées, il faut encourager la création et la promotion de lycées des métiers. La valorisation de la voie professionnelle devra commencer dès le collège et, pour être complète, rendre visible la possibilité, pour ceux qui la choisissent et en ont les capacités, de rejoindre les plus hauts niveaux (brevets de technicien supérieur, licence professionnelle). Il faut montrer clairement que la voie professionnelle peut être une voie d'excellence. Tout doit être fait pour qu'elle ne soit plus choisie par défaut, à la suite d'un échec. Le lycée des métiers est un bon moyen pour réaliser cette ambition. Sa raison d'être est de réunir, autour d'un ensemble cohérent de filières, une offre de formation de qualité, complète et diversifiée, en associant voies professionnelles et technologiques. Il doit permettre la préparation de tous les diplômes, du CAP au BTS et à la licence professionnelle.

La dynamique du lycée des métiers préconisé devrait bénéficier à l'ensemble des lycées professionnels et permettre d'attirer davantage d'élèves, sur la base de motivations positives, vers une voie de formation essentielle pour la santé de notre économie comme pour l'équilibre du système éducatif.

Sachant que la grande majorité des jeunes qui arrivent sur le marché du travail au Sénégal n'ont pas reçu une formation, cette orientation présente l'avantage de rapprocher les jeunes des métiers autour d'eux, qu'ils soient ceux de leurs parents ou des voisins ; de leur éviter les mirages d'une fonction publique qui faisait des intellectuels des privilégiés d'une société marquée par un fort degré de pauvreté. De même, comme évoqué plus haut, la voie professionnelle est une réponse à l'épineux problème de gestion des flux dans l'enseignement général notamment à l'université. C'est donc dire l'enjeu des initiatives proposées en ce domaine.

En soulevant objectivement les problèmes relatifs au modèle d'école qu'il nous faut et au type d'homme et de femme qu'elle doit former, nous ne sommes pas dans un nihilisme de l'utilité de l'école, mais plutôt dans la déploration de la rigidité de son organisation et de sa gestion incompatible avec l'idée d'un développement intégral préconisé par le CEB et dont l'homme doit occuper la centralité.

L'évolution historique qui voit l'institution scolaire passer d'école coloniale à école nationale commande de légitimer toute stratégie susceptible de rendre l'école sénégalaise plus souveraine dans le choix de ses contenus programmatiques, de ses finalités et des approches pédagogiques qu'elle préconise. Ainsi, on pourra s'apercevoir que l'organisation administrative de l'école, la relation pédagogique maître-élève-savoirs, mais aussi les procédés de transmission et d'évaluation des connaissances peuvent opportunément être repensés dans l'optique d'une école pour la vie et par la vie.

RÉFÉRENCES BIBLIOGRAPHIQUES

- BENAVOT A., « *A Global study of Intended Instructional Time and Official School Curricula, 1980-2000* », Background Paper Prepared for the Education for All Global Monitoring Report 2005 The Quality Imperative, Genève, The International Bureau of Education, 2004, http://unesdoc.unesco.org/images/0014/001466/146625e.pdf (juin 2015).
- BERLINER D. C., « *What's All the Fuss About Instructional Time?* », in Ben-Peretz M., Bromme R. (ed.), *The Nature of Time in Schools: Theoretical Concepts, Practitioner, Perceptions*, New York, Teachers College Press, 1990, pp. 3-35.
- BLOOM B. S., « *Time and Learning* », American Psychologist, vol. 29, n° 9, 1974, pp. 682-688.
- FISHER C. W., Berliner D. C., *"Perspectives on Instructional Time"*, New York, Longman, 1985.
- BOUCHE D., « *Autrefois notre pays s'appelait la Gaule… Remarques sur l'adaptation de l'enseignement au Sénégal de 1817 à 1960* », Cahiers d'études africaines, vol. 8, n° 29, 1968, pp. 110-122.
- CARROLL J. B., « *A Model of School Learning* », Teachers College Record, n° 64, 1963, pp. 723-733.

- CHOPIN M.-P., « *Les usages du "temps" dans les recherches sur l'enseignement* », Revue française de pédagogie, vol. 170, n° 1, 2010, pp. 87-110.
- HARDY G., *Une conquête morale. L'enseignement en AOF*, Paris, A. Colin, 1917, pp. 203-204 dans la réédition par Harmattan en 2005.
- KARWEIT N., « *Should We Lengthen the School Term?* » Educational Researcher, vol. 14, n° 6, 1985, pp. 9-15.
- Rapport du Congrès international de l'évolution culturelle des peuples coloniaux, 26-27-28 septembre 1937, Paris, 1938, p. 6.
- SENGHOR L. S., « *Réflexions sur l'éducation africaine : l'école rurale populaire* », Paris-Dakar, 9 janvier 1937.
- SENGHOR L. S., « *La résistance de la bourgeoisie sénégalaise à l'école rurale populaire* », in *Congrès international de l'évolution culturelle en 1937*, pp. 40-44.
- SENGHOR L. S., « *Le Problème culturel en AOF* », in L. Senghor, « *Liberté I : négritude et humanisme* », Paris, Le Seuil, 1964, pp. 11-21.
- VINOKUR A., « *La Banque mondiale et les politiques d'"ajustement" scolaire dans les pays en voie de développement* », Revue Tiers-Monde, n° 112, 1987, pp. 919-934, http://www.persee.fr/web/revues/home/prescript/article/tiers_0040-7356_1987_num_28_112_4543 (juin 2015).

ANNEXES

ANNEXE 1 : Lettre n°005124 ME/SG/DEE/Dir. du 8 novembre 2006

ANNEXE 2 : Numéro 7 du journal « Xalima Xalèyi » de Richard-Toll

COMMENTAIRES

Xalima Xaléyi — juillet 2007

Éditorial

A l'image de l'évolution de l'enfance, être psychologique, le jeune journal de la commune de Richard-Toll a connu sa crise de croissance. Ce moment dépassé, il est heureux de constater la reprise normale de ses activités.

Encadré par une jeune équipe d'enseignants et leurs directeurs, le journal a l'ambition de prendre un nouvel envol au grand bonheur des jeunes élèves des écoles élémentaires de la localité et de leurs maîtres. Les enfants retrouvent ainsi un cadre leur permettant de communiquer avec leurs camarades d'autres écoles à travers des thèmes variés. Quant aux enseignants, nul doute qu'ils retrouvent un moyen pédagogique favorable à la construction de l'expression de l'enfant.

En effet, comme il est connu des pédagogues, les leçons d'expression orale et écrite poursuivent un double objectif:
- pour l'élève, apprendre l'expression;
- pour le maître, aider l'enfant à construire son expression.

Dès lors, le journal scolaire se présente comme une situation d'intégration des éléments de la langue assimilés au cours des apprentissages ponctuels.

En conséquence, j'encourage les élèves de tous les cours à alimenter leur journal, outil d'apprentissage, par tous les moyens d'expression dont ils disposent: dessin, texte etc.

A toute la communauté éducative, enfin, je demanderai un soutien multiforme afin de permettre à cet important outil pédagogique de bien se développer et de vivre longtemps encore. DU COURAGE !

**L'Inspecteur départemental de Dagana
Pape Ndiaga Seck**

La Critique

Les élèves dans la rue

Depuis plusieurs jours, les enseignants du primaire sont en grève. Partout au Sénégal c'est la même situation. Élèves et parents sont inquiets et redoutent une année blanche.

Instituteurs et élèves se sont retrouvés dans les rues de plusieurs villes du pays. Les enseignants manifestent pour montrer leur désaccord face au gouvernement. Ils voudraient un salaire plus important. Les instituteurs qui s'occupent des écoles du primaire jusqu'à l'âge de 11 à 12 ans veulent bénéficier des indemnités (allocations) de recherche et de documentation accordées aux professeurs. Beaucoup aimeraient aussi qu'on reconnaisse plus leur métier d'enseignant (qu'on donne plus d'importance à ce métier). Les enseignants menacent de poursuivre la grève. Ils sont décidés à aller jusqu'au bout. Au début c'était des grèves d'une journée; maintenant, on reste presque une semaine sans faire de cours. Et voilà que cela fait un mois que l'école ne fonctionne pas normalement. Les enseignants disent qu'ils ne veulent pas pénaliser les élèves qui sont aussi leurs enfants; mais le Président de la République doit les écouter avant qu'il ne soit trop tard. Des marches sont organisées, des débats à la radio sont aussi animés pour expliquer aux parents d'élèves pourquoi les maîtres sont en grève.

Dans cette grève les grands perdants sont les élèves. Ils ne méritent pas une année blanche, surtout après presque huit (8) mois de travail. L'examen d'entrée en 6ème approche et les élèves de CM 2 n'ont pas encore terminé leur programme. Les enseignants et l'État doivent donc rapidement trouver des solutions car le temps passe.

**Ndèye Assy Fall,
Sayandé Dabo CM 2 Richard-Toll 2
Ousseynou Mbodj, CM 2 Gaya 2**

La Chronique

L'Insécurité préoccupe dans la cité ouvrière.

Richard-Toll, avec la C.S.S. (Compagnie Sucrière Sénégalaise) est devenue une importante ville industrielle. Elle située à environ 110 km à l'Est de Saint-Louis du Sénégal. Depuis quelques années, la ville est en proie à une insécurité de plus en plus inquiétante.

Les populations qui vivent dans cette cité viennent des villages environnants, de l'intérieur du pays et des pays frontaliers comme la Mauritanie, le Mali, la Guinée, la Gambie. D'autres nationalités vivent dans la ville: des Ghanéens, des Nigériens et même des Sierra Léonais.

Les agressions sont devenues fréquentes. Les vols à mains armées et les violes se multiplient. Certains quartiers comme «Thiabakh» et «Khouma Yakhsabar» ne sont pas électrifiés. Dans ces quartiers, il n'est pas sûr de se promener seul la nuit. Entre le pont « Sermat » et le marché de Khouma, il y a des jardins et beaucoup d'arbres tout autour. C'est un endroit très dangereux; les agressions y sont fréquents.

La mairie doit mettre des lampadaires dans les quartiers où il n'y en a pas, couper les herbes et tailler les arbres dans les endroits dangereux. La gendarmerie doit être renforcée. Il faut aussi une police qui assure la sécurité des personnes et de leurs biens.

La police municipale collecte les taxes et règle le stationnement des véhicules (automobiles, calèches, charrettes).

Richard-Toll n'est pas une très grande ville. Et chaque année, l'usine fait entrer beaucoup d'argent dans le pays. Les autorités doivent trouver un moyen de sécuriser la ville.

**Pathé Dièye CM 2 Gaya 2
Mamadou Ba CE 2 Richard-Toll 1**

SOCIETE

Xalima Xaléyi — juillet 2007

Portrait d'un « talibé »

Il a six (6) ans et il passe tout son temps dans les rues.
Abdou Sow est un misérable « talibé » peul. A l'âge de quatre (4) ans, son père l'a confié au marabout « Serigne » A. D. pour apprendre le coran.
Depuis, Abdou n'a pas revu ses parents. Sa vie chez le marabout devient infernal.

Chaque matin, au réveil, Abdou prend son pot et va de maison en maison pour demander de l'aumône. Il prend tout ce qu'on lui donne: pain, sucre, riz, mil et même des restes de repas froids de la veille.
Abdou sait aussi qu'il ne doit pas rentrer au « Daara » sans rapporter la somme de 200 F Cfa au marabout. Plusieurs fois, quand il n'a pas trouvé cette somme d'argent, Abdou a passé la nuit dans la rue ou bien chez des voisins. Il sait que s'il rentre sans argent, il sera frappé par les grands « talibé ». Le marabout leur a donné l'ordre de frapper tous les petits « talibé » qui rentrent sans apporter 200 F Cfa. Pour manger à midi, il fait la même chose. Pour se laver Abdou va dans le canal. Sa vie est en danger parce que beaucoup de « talibé » sont morts noyés en se baignant dans le canal. Il peut aussi attraper la bilharziose. Abdou a d'ailleurs la gale et il se gratte le corps tout le temps. Son marabout ne sait même pas s'il est malade. Il ne porte jamais de chaussures et ses habits sont déchirés. Il a fait deux (2) ans au « Daara » mais il ne sait même pas réciter un verset du coran. Ses parents ne savent pas ce que Abdou vit. Tous les jours, des « talibé » comme lui sont maltraités. Pourtant, ils ne méritent pas tout cela. Les enfants ont des droits. Ils ont le droit à l'Éducation, le droit à la Santé, le droit à une famille. Pourquoi certains parents ne respectent pas ces droits ?

*Rougniyatou Bâ, CM1 R.-Toll 4 Moustapha Wade CE 2 Thiaréne
Gamou Wade CM 1 Richard-Toll 1*

L'émigration clandestine

Les jeunes qui risquent leur vie en mer.
L'émigration clandestine, encore appelée émigration illégale, est un phénomène qui sévit à Richard-Toll comme dans toutes les parties du Sénégal.
A Richard-Toll, beaucoup de jeunes n'ont pas de travail. L'usine ne peut pas employer tout le monde. Et, pour travailler la terre, les jeunes n'ont pas les moyens. Des milieux d'épanouissement n'existent pas. Des milliers de jeunes sont inquiets pour leur avenir. Ils quittent leur ville pour se rendre en Espagne. Sans avoir le visa, certains

prennent des pirogues rudimentaires et risquent leur vie en mer. D'autres passent par le désert en Mauritanie. Le voyage peut durer plus d'une semaine. Ils vont affronter la faim, la soif et les accidents. Beaucoup d'entre eux meurent pendant le voyage. Certains sont arrêtés et refoulés. Les autres sont abattus sur les fils barbelés aux portes de l'Espagne. Presque chaque jour la télévision montre des cadavres de jeunes victimes. Mais ils n'ont pas peur de la mort et rien ne peut les arrêter. Tous ces jeunes pensent qu'ils pouvaient gagner beaucoup d'argent en Europe. Des solutions doivent donc être trouvées pour arrêter ce phénomène. Les jeunes doivent rester au pays et travailler. Le gouvernement doit les aider à trouver du travail pour qu'ils puissent nourrir leurs familles et développer leur terroir. Si les jeunes continuent de quitter leurs villes et leurs villages, quand est-ce que notre pays se développera-t-il ?

*Ameth Faye CM2 Gaya 2
Maty Fall CM 2 Richard-Toll 2
Barbara Scott Fall CM 2 Gaya 2*

Gare routière de Richard-Toll

Des vendeurs à la sauvette qui ne reculent pas devant le danger. Richard-Toll est une ville frontalière de la Mauritanie.

Beaucoup de jeunes qui ne travaillent pas à l'usine s'adonnent à la fraude du sucre et d'autres produits venant de Rosso en Mauritanie.
Chaque jour, des dizaines de jeunes envahissent la gare routière. Les uns vendent du sucre, les autres des biscuits ou du thé. Avec des sachets de sucre sur la tête ou entre les mains, ils courent pour rattraper les voitures qui font escale à Richard-Toll. C'est le désordre total au milieu de la route. Filles et garçons se précipitent aux vitres des cars « ndiaga-ndiay » ou des taxis « sept places » pour montrer leurs marchandises aux passagers. Il y a des bousculades, des appels, des plaintes. Les voyageurs qui passent pour la première fois par Richard-Toll sont étonnés devant ce spectacle. Le bord de la route est aussi encombrée par des femmes qui ne peuvent même pas se sauver si une voiture dérape. Tout cela se passe devant la mairie. Et personne ne dit rien. De graves accidents peuvent se produire un jour si des mesures ne sont pas prises.

Ndèye Maty Dieng , Astou Sall CM 2 Rd-Toll 2

SOCIÉTÉ

INSTITUTEUR RETRAITÉ,

Monsieur Abdou DIOP

« La retraite : tout travailleur doit y penser dès sa prise de fonction... »

La retraite: tout travailleur, toute personne en général y pense, après tant d'années d'intenses activités. Malheureusement, beaucoup la redoutent et l'appréhendent, faute de n'avoir su la préparer ou encore de ne pouvoir la gérer.

Monsieur Abdou Diop est instituteur à la retraite. Après trente ans de services pour l'État sénégalais, il nous parle de son expérience.
Monsieur Abdou Diop est aujourd'hui âgé de 65 ans. Il vit à Richard-Toll au Sénégal et travaille comme répétiteur en français dans les collèges privés de la ville.
Monsieur Diop mène des activités dans le réseau d'animation pédagogique. Il assiste aux différentes rencontres sur l'Éducation dans la localité. Son objectif, nous dit-il est de participer à l'amélioration de la qualité de l'enseignement et à la formation continue des maîtres.
Actuellement, monsieur Diop habite au quartier Khouma où, il veut créer une école d'alphabétisation.
Un groupe d'élèves de la classe de CM2 de l'école de Richard-Toll 2 l'a rencontré. Voici ce qu'il dit sur la retraite.

Bonjour monsieur DIOP. Depuis quand êtes-vous retraité ?

Bonjour. Je suis retraité depuis 1999. Cela fait maintenant 8 ans.

Comment avez-vous accueilli votre retraite ?

Très bien, dans une parfaite quiétude. Non pas que pour moi, tout aille dans le meilleur des mondes, mais je pense, et cela sincèrement, que c'est une grâce que de faire valoir ses droits à la retraite après avoir accompli trente ans de service. Je dirai même que c'est une chance. Tant il est vrai qu'on ne saura dénombrer tous ceux qui sont tombés à la tâche avant l'échéance.

Que pensez-vous de la retraite ?

Elle rentre dans la logique qu'après d'intenses activités, on puisse prendre un repos mérité. La retraite, pour moi, ne signifie pas s'asseoir, attendre sa pension et regarder la mort venir... Si l'on jouit d'une bonne santé, elle signifie changement d'activités et peut être aussi un début du bilan ? Il ne s'agit pas de se surmener, mais d'entreprendre des activités dont nos forces nous en donnent la possibilité. C'est bon pour la santé et le moral. Et si les moyens le permettent, voyager de temps en temps.

A votre avis, comment doit-on préparer sa retraite ?

> On ne gagne rien à vouloir mordre la vie à pleines dents pendant qu'on est jeune.

La retraite est un état d'esprit. L'agent, dès sa prise de fonction, doit se rendre à l'évidence qu'il est déjà un candidat potentiel à la retraite. Dès lors, il faut qu'il se fixe des objectifs par paliers, pas beaucoup à la fois. Faire le bilan partiel de temps en temps, pour savoir les dispositions à prendre pour la suite. Il faut pour cela, accepter certaines restrictions. On ne gagne rien à vouloir mordre la vie à pleines dents pendant qu'on est jeune. En effet, cette étape de la jeunesse, passe très vite, fait place plutôt que nous ne le pensions à un adulte désabusé. La retraite ne doit pas surprendre. Qu'on ait amassé des fortunes ou non, il faut partir sans remords, en se disant : « j'ai fait de mon mieux... »

Comment gérez-vous votre retraite ?

Je ne me suis pas rendu compte que j'ai été très actif pendant que j'étais en fonction. La réalité m'est apparue à la retraite. Aussi, n'ai-je pas refusé l'offre, lorsque j'ai été sollicité pour travailler dans les écoles privées. Je suis à l'aise dans ce que je fais, parce que ce n'est pas un nouveau métier.

Quelques conseils sur la retraite

> Un petit secret pour les jeunes: « Obéir aux parents et bien travailler à l'école. »

aux jeunes d'aujourd'hui ?

La retraite ne doit pas être perçue comme une catastrophe, loin s'en faut. Il faut avoir assez de garde-fous pour éviter les dérapages de la jeunesse pendant qu'on y est. Se fixer des objectifs et s'employer à les atteindre. Il est vrai qu'on ne peut pas tout avoir dans la vie. Alors, à quoi bon se morfondre. Un petit secret pour les jeunes: « Obéir aux parents et bien travailler à l'école. »

Vos souhaits.

La vie, même si elle ne nous fait pas la part toujours belle, vaut la peine d'être vécue. Je veux vivre raisonnablement, pas au point d'ennuyer mon entourage. Je veux faire du mieux que je peux pour demeurer serviable, utile à la société des hommes. A tous ceux qui sont en activité en ce moment, je dis : « N'attendez pas les dernières années, pour penser à votre retraite... »

Interview réalisée par Mamadou Bâ, Baye Gaye, dèye Assy Fall du CM 2 Richard-Toll 2

ÉDUCATION

Xalima Xaléyi — juillet 2007

A-t-on encore besoin du bâton à l'école ?

On le croyait définitivement oublié dans les placards de l'histoire où il était rangé avec la colonisation et ses méthodes dogmatiques. Pourtant, le bâton continue de faire rage à l'école primaire malgré son interdiction par la loi. Cet instrument est aujourd'hui, la principale pomme de discorde entre les différents partenaires éducatifs.

Madame Astou Sarr, enseignante, mère de quatre enfants

« Certains comportements peuvent obliger le maître à recourir au bâton. »

« La cravache peut permettre d'avoir de bons résultats comme autant il peut être dangereux de s'en servir abusivement. La pédagogie a beaucoup évolué. Aujourd'hui, l'action éducative, avec l'appoint des nouvelles méthodes d'enseignement tient compte des droits et libertés de l'enfant.

Mais il faut constater qu'à la base, les parents ne font pas souvent leur travail de premiers éducateurs. C'est ainsi que des enfants nous viennent sans aucune éducation de base. Certains affichent des comportements marginaux, d'autres sont agressifs. Ce sont eux qui s'insultent pendant les leçons, dégradent les objets de leurs camarades ou les empêchent de suivre les cours. De tels comportements sont malheureusement fréquents et inadmissibles. Ils peuvent obliger le maître à recourir à la cravache pour ramener l'ordre et la discipline en classe, car il faut bien pouvoir continuer les leçons. On dit souvent dans notre société que la peur du fouet est le commencement de la sagesse... »

Monsieur Cheikh A. Tidjane Sall, enseignant à l'école élémentaire de Richard-Toll 4

« Il est vrai que toute faute implique une sanction... »

« L'enseignant doit se garder de choisir la voie du bâton qui n'est qu'un aveu de faiblesse. L'école est un milieu de vie. Les élèves doivent se trouver heureux et trouver une ambiance stimulante pour leur développement. Il est vrai que toute faute implique une sanction qui doit faire prendre conscience à l'enfant de celle-ci et l'amener à s'amender pour éviter d'autres fautes plus graves. Comme punition, on doit tenir compte du caractère de l'erreur ou de l'âge de l'élève pour savoir quelle punition lui infliger sans le traumatiser. Par exemple : mettre l'enfant à genou, le priver de la récréation ou lui faire

faire la « pompe » rien que pour quelques minutes. »

La scolarisation des filles

Des parents qui hésitent encore !

Beaucoup de parents n'amènent pas leurs filles à l'école. Certaines mères préfèrent les garder à la maison.
Dans certaines familles, les filles sont mariées très tôt à

l'âge 14 ans et même à 12 ans. Les parents craignent les grossesses précoces. Ils disent aussi que les filles ne réussissent pas à l'école. Et qu'elles finissent toujours par abandonner. Pour eux les filles qui ont réussi à l'école dans le passé sont rares. Dans beaucoup de familles, les charges des mères sont lourdes. Certaines mères préfèrent garder leurs filles à leur côté. Elles disent que les filles doivent seulement apprendre les travaux ménagers (préparer les repas, faire le linge, laver la vaisselle) et attendre un bon mari. Pourtant les filles réussissent bien à l'école. Elles sont aussi intelligentes que les garçons. Les filles qui vont à l'école peuvent devenir avocates comme Mme Mame Madior Boye, professeurs comme Mme Penda Mbow, sociologues comme Mme Marie Angélique Savané et même Présidente de la République comme Mme Hélène Jonhson Searlef du Libéria. Toutes ces femmes sont allées à l'école; elles connaissent mieux leurs droits et aident leurs maris. Elles participent aussi au développement de leur pays. Leurs enfants sont très bien éduqués et ont un bel avenir. De nos jours, les filles doivent aller à l'école et y rester.

Coumba Diop, C.M. 2 Gaya 2 — Coura Soumaré, C.M. 2 Richard-Toll 2

Xalima Xaléyi — Bimestriel du mois de juillet 2007

ÉDUCATION

Xalima Xaléyi — juillet 2007

L'abandon de l'école

Les élèves deviennent vendeurs à la sauvette ou conducteurs de calèches !

Le nombre d'élèves qui abandonnent l'école devient de plus en plus important. Certains ne terminent même pas le primaire. D'autres qui arrivent au collège, ne font plus d'efforts et finissent par être exclus.

Les filles sont les plus concernées. Elles sont parfois très tôt données en mariage et deviennent des ménagères. Il y a des parents qui pensent que les élèves perdent leur temps à l'école. Pour eux, même après plusieurs années à l'école leurs enfants ne trouvent pas du travail. Ils deviennent comme leurs aînés qui ne font rien et passent leur temps à boire du thé. Les parents d'élèves qui sont pauvres n'encouragent pas leurs enfants à rester à l'école. Ils les font souvent travailler à la maison et les enfants n'ont pas le temps d'apprendre leurs leçons. Les samedi et dimanche, beaucoup d'élèves vendent du sucre à la gare

routière; d'autres conduisent des calèches. Les enfants qui vivent comme ça ne suivent pas en classe et leur niveau baisse. A Richard-Toll il y a beaucoup d'enfants qui ont quitté l'école publique. Les parents qui n'ont pas les moyens de payer dans les écoles privées, utilisent leurs enfants comme de la main-d'œuvre.

Fally Niang, C.M. 2 Gaya 2
Oumar Mbaye, C.M. 2 Richard-Toll 3

Le règlement intérieur de la classe

Quelle utilité ?

A l'école comme dans chaque classe, il doit y avoir un règlement intérieur. C'est un texte composé d'articles qui indiquent ce qu'on permet de faire et ce qu'on interdit.

L'année passée, dans notre classe de CM 1, le règlement intérieur de la classe était composé de 10 articles rédigés par le maître avec la participation de tous les élèves. Notre maître nous avait dit que notre participation à l'écriture du règlement, nous permet de mieux le respecter. Au début de cette année, notre maître nous a présenté le règlement de l'année passée. Après l'avoir lu et fait lire, il a demandé à des élèves de l'expliquer à leurs camarades transférés à l'école et aux autres camarades qui ont repris la classe de CM 2. Il a ensuite demandé à tous les élèves de proposer des modifications pour rédiger le nouveau règlement intérieur. Les élèves ont proposé de conserver le règlement intérieur de l'année dernière et d'y ajouter les trois articles suivants :
Article 11: - Tous les matins, de 8h à 8h 30mn, chaque élève de la classe rédigera un petit texte (article) de 12 lignes au moins sur un type de textes déjà étudié.
Article 12 : - Il est interdit de parler une autre langue que le français dans la classe.
Article 13 : - Dans les 6 groupes de travail que compte la classe, une somme forfaitaire de 25 F Cfa est imposée à tout élève qui, même par inadvertance, parle une langue vernaculaire. »

Aï da Sy Ndiaye , Massar Diop , Bineta Coulibaly du CM 2 de Richard-Toll 2

Règlement intérieur de la classe

Article 1: Il ne faut jamais cracher dans la classe ni jeter des papiers par terre ni écrire sur les murs et sur les tables.
Article 2: La classe devra être bien arrosée avant d'être balayée tous les jours pendant la récréation.
Article 3: Les groupes de balayage sont tenus de respecter leur tour.
Article 4: Les garçons comme les filles doivent participer aux activités de nettoyage et d'embellissement de la classe.
Article 5: Les garçons doivent venir en classe avec une tenue propre et la tête bien

---

L'Équipe de Rédaction communale

Coordonnateur: Cheikh Fam
Directeur de publication: Assane Thioye
Secrétaire de rédaction: Tidjane Bâ
Rédacteur en chef: Brahim Fall
Conseillers: I.D.E.N -C.O.D.E.C.de Richard-Toll

Xalima Xaléyi — Bimestriel du mois de juillet 2007

VOCABULAIRE ET EXPRESSION

Xalima Xaléyi — juillet 2007

Les niveaux de langue

* On n'écrit pas comme on parle.
* On ne parle pas de la même façon selon qu'on s'adresse à ses parents, à son maître, à ses amis.
* Ces différentes façons de parler ou d'écrire s'appellent des **niveaux de langue**. Il y a trois niveaux de langue principaux : **soutenu, courant, familier**.

Exercices

Quel est l'intrus ? Justifie ta réponse.
a. Attifé – fagoté – ficelé – habillé
b. Caisse – clou – automobile – tacot
c. Au revoir ! – A bientôt ! – Salut !
d. Je n'en peux plus ! – Je suis exténué !

Réécris le texte ci-dessous en langage courant. N'hésite pas à changer la structure des phrases.
- J'en ai ras le bol de cette nana. D'ailleurs, j'arrive pas à piger pourquoi elle en a après moi comme ça ! Serges jeta un coup d'œil à son copain.
-Bon d'accord, on s'tire. De toutes façons, j'en ai marre. En plus, je suis en retard, ça va pas être la joie à la maison !

Quelle est la différence de sens entre les mots de la colonne de gauche et ceux de la colonne de droite ?
a.
* chauffeur — chauffard
* discuter — discutailler
* maigre — maigrichon
* papier — paperasse
* pleurer — pleurnicher
* riche — richard
* vert — verdâtre

b. Quel est le point commun entre les mots de la colonne de droite ?

<u>Retiens</u> : Certains mots expriment un jugement négatif. Ce sont des **termes péjoratifs**. Ils appartiennent souvent au **langage familier**.

Associe chaque expression ou mot familier à l'expression ou au mot soigné correspondant.

mioche	ras-le-bol
bagnole	personnage ennuyeux
saturation	enfant

Barre la formule qui ne convient pas.
* A un copain, on peut dire :
« ça va bien ? »
« ça boume ? »
* A son maître, on doit dire :
« Je n'ai rien pigé. »
« Je n'ai rien compris. »
* A son frère, on peut dire :
« On va bien rire ! »
« On va bien rigoler ! »
* En famille, on peut dire :
« C'était rasoir. »
« C'était ennuyeux. »
* A ses élèves, le maître dira :
« Taisez-vous ! »
« Fermez-la ! »

Recherche le sens des expressions familières suivantes.
* envoyer quelqu'un promener
* En connaître un rayon
* Se tourner les pouces
* Ruer dans les brancards
* Être pompé
* Ne pas rater une occasion
* Être lessivé
* Avoir un coup de pompe
* Arriver à toute pompe
* Pondre un article

Choisis la fin de phrase en fonction, de l'interlocuteur.

Il dit à son copain
- de se barrer.
- de partir.
- de décamper.

Le poète parle
- de l'onde.
- de l'eau.
- de la flotte.

On parle à une maman
- de son mioche.
- de sa progéniture.
- de son enfant.

Maman me dit de refaire
- mon plumard.
- mon lit.
- ma couche.

Les grands restaurants affichent
- La bouffe.
- le menu.
- La carte.

PAGE RÉCRÉATIVE

Xalima Xaléyi — juillet 2007

Rions un peu

- Rama, cinq ans, essaie de trouver des dessins :
-Maman, il faut changer les piles de ma tête, je n'arrive plus à réfléchir !

- Nafi, ma petite-fille, âgée de sept ans, tente de me « coller » avec un questionnaire :
- Où a-t-on trouvé le plus ancien squelette humain ?
-Je lui réponds « en Afrique » et, pour compléter ses connaissances, j'ajoute :
- C'était une femme et elle s'appelait Lucy.
Stupéfait, elle commente :
- Ah ! Bon, tu l'as connue ?

- Me voyant me peigner, ma petite-fille Sophie, âgée de six ans, me dit :

-Mamie, c'est moi qui vais te coiffer. Ne bouge pas, je vais chercher la caisse à outils !

- Trois amis discutent pour savoir laquelle de leurs professions est la plus ancienne.
-Je pense que c'est la mienne, affirme le chirurgien, puisque la Bible dit qu'Ève est sortie d'une côte d'Adam.
- Pardon, rétorque l'architecte, mais le monde est bien sorti du chaos. Mon métier est donc le plus ancien.
- Et, à votre avis, demande le politicien, qui a créé le chaos ?

- Une dame se rend avec son fils chez un médecin et lui demande :
-Docteur, mon fils ne sait pas toujours l'alphabet ! Le médecin s'approche du petit garçon et lui tire l'oreille. Le petit garçon se met à hurler …
-Ahhh !
-Très bien, dit le médecin, revenez demain, nous apprendrons le « B »

- La maîtresse demande à un élève :
-Dans la phrase : « Le voleur a été arrêté par la police. », où est le sujet ?
-En prison, répond l'élève.

Des lecteurs nous écrivent

Faire place au partage de l'information, aux échanges d'expériences et au dialogue vivant et constructif entre acteurs et partenaires, est une nouvelle philosophie de notre école. Cette dynamique nécessite de nombreuses innovations. Le journal « Xalima Xaléyi » en est une. Il est un instrument précieux de liaison entre élèves de divers établissements d'ici ou d'ailleurs.
Cadre fédérateur de la didactique du français, le journal est aussi un outil d'évaluation des compétences linguistiques de nos élèves. Il permet de relever leur niveau de français et leur donne la parole sur des questions liées à leur vécu quotidien ou à l'environnement socioculturel dans lequel ils baignent.
Fascinante entreprise! Qui exige que chacun de nous mette la main à la pâte.
Pour mieux agir et rendre notre action plus efficace, ayons un seul principe qui nous guide : Partager l'information et l'expérience.
Ainsi réussirons-nous à satisfaire les attentes de la communauté éducative.

M. Bocar Sarr, Directeur de Gaya 2

Xalima Xaléyi est un outil de communication en appoint à l'effort de développement de l'enseignement élémentaire en particulier et de l'éducation en général auquel s'est engagé l'état aux côtés du P.D.E.F.(Programme Décennal de l'Éducation et de la Formation). Ce journal domicilié à l'école de Richard-Toll 2 face à l'avenue Jacques Miniran, regroupe les quinze(15) écoles de la commune de Richard-Toll et est placé sous la supervision de l'I.D.E.N.(Inspection Départementale de l'Éducation Nationale) de Dagana.

Xalima Xaléyi conçu par des élèves et des maîtres encadreurs, se propose, entre autres objectifs, d'intégrer l'espace scolaire autrement en donnant la parole aux élèves d'abord. Il s'intéresse à tout ce qui contribue à l'épanouissement et au développement mental de l'enfant. A travers Xalima Xaléyi, une invite est faite à la population, à participer activement au rayonnement culturel de nos futurs cadres en envoyant vos contributions.

M. Assana Thioye, enseignant à l'école de Diacksao

Créer pour contribuer au relèvement du niveau des élèves en français à travers l'expression écrite, le journal des élèves de Richard-Toll vient à son heure.
Initié par l'école de Richard-Toll 2, son champ d'action a été élargi à l'échelle communale, ceci grâce à la coopération française à travers le projet qualité que nous remercions au passage pour la confiance accordée à l'I.D.E.N. de Dagana.
Nous associons à ces remerciements la Fondation « Barcelona Sida 2002 », monsieur Erik Richard et les techniciens en informatique qui ont accompagné le journal à ses débuts.
Nous saluons également l'action du comité de pilotage, des directeurs et de leurs adjoints, de l'I.D.E.N. et de ses adjoints pour les efforts et la hauteur d'esprit dont ils ont fait preuve afin de surmonter les difficultés de démarrage de cette année. L'intérêt supérieur des enfants en était la motivation.

Ainsi, nous faisons appel à tous les enseignants de la commune, au comité de pilotage et à l'I.D.E.N. pour ensemble œuvrer de manière participative à relever le défi en vue de la pérennisation de cet outil précieux.

M. Tidiane Bâ, enseignant à l'école de Ndiangué

Chers lecteurs, ce journal est le vôtre. Il tiendra toujours compte des remarques et suggestions que vous nous ferez le plaisir de nous envoyer.
A vos plumes à toutes et à tous.
Bonne lecture !

L'équipe de rédaction

Xalima Xaléyi — Bimestriel du mois de juillet 2007

SÉNÉGAL
AUX ÉDITIONS L'HARMATTAN

Dernières parutions

AU FIL DU VERBE CRÉATEUR
Pensées
Mamadou Moustapha Ndao
L'ensemble des textes s'articule sur trois choses fondamentales : Faire le bien, Procurer du bonheur aux autres, Vivre pour l'essentiel. Il faut s'évertuer à être et rester un modèle qui, s'il est reproduit, harmonise la société. Il faut éviter de vivre et mourir comme des moutons de Panurge : sans objectifs à atteindre et ne jamais promettre ce qu'on ne fera pas.
(Coll. Harmattan Sénégal, 84 p., 12 euros)
ISBN : 978-2-343-15121-2, EAN EBOOK : 9782140099892

LES ÉLECTIONS PRÉSIDENTIELLES AU SÉNÉGAL DE 1963 À 2012
Ismaïla Madior Fall
Depuis l'origine (1963), le Sénégal a organisé dix élections présidentielles, celle en vue de 2019 sera la 11ème. Leur étude permet de connaître la structure républicaine de l'Etat, de comprendre la culture politique du pays, de tâter le pouls de la société, de connaître le peuple sénégalais, de prendre la mesure de la respiration démocratique et d'évaluer la qualité de la pratique démocratique.
(Coll. Harmattan Sénégal, 470 p., 42 euros)
ISBN : 978-2-343-15329-2, EAN EBOOK : 9782140099458

LA PENSION DE LAMINE
Roman
Emmanuel Gabolde
Le périple de Lamine commença il y a plus de 70 ans sur la côte occidentale de l'Afrique, au Sénégal. Dans les rues de la médina, les enfants tapaient dans ce qu'ils appelaient un ballon et, parmi eux, un certain Lamine. Repéré par un dirigeant de club, Lamine va tenter sa chance en France. Après une période agréable, commencèrent les désillusions et l'ancien international de football glissa lentement dans l'anonymat le plus complet. Plus d'identité, plus aucune trace de son existence. il décide un jour de refaire surface et de quitter le monde des sans-papiers pour reprendre pied dans celui des vivants...
(Coll. Harmattan Sénégal, 292 p., 24 euros)
ISBN : 978-2-343-15687-3, EAN EBOOK : 9782140099212

LE MUEZZIN
Poèmes
Alphousseyni Cissé

Le Muezzin est l'oeuvre d'un poète mystique en contact permanent avec l'Ineffable et l'Invisible.Ainsi, par la recherche d'intensité, Cissé, dont on sait à quel point la pensée est marquée par celle d'Al-Gazali, fabrique littéralement un délire où les signes vont voyager au-delà de leur situs d'origine. Le poète prononce une parole totale, une parole cosmique qui exprime l'univers. Cette parole-là est un appel, elle restaure l'espoir, le plus beau mot du langage humain après l'amour. Car il faut que l'espérance l'emporte sur le reste. (Alioune-B. Diané)

(Coll. Harmattan Sénégal, 96 p., 12,5 euros)
ISBN : 978-2-343-15565-4, EAN EBOOK : 9782140099304

LE JOUR DU DÉBARQUEMENT DE LA FLOTTE AMÉRICAINE
Roman
Philippe Cantraine

Un attentat à Dakar alors que ce livre comment à peine à s'écrire ? Et peu d'heures avant, sur la mer, au-delà de Gorée un déploiement de forces de la flotte américaine ? Vous et moi nous en serions aperçus, la presse s'en serait emparée, et dès lors qu'il n'en fut rien, nous voilà dans l'actualité fiction. En ce jour qui n'a pas été, Dakar s'éveille sous le chaos d'une violence inédite, les faits et gestes des uns, les espoirs, les rêves et les ambitions des autres, se trouvent brutalement interrompus. Une fiction allégorique, tragique et ludique à la fois.

(Coll. Harmattan Sénégal, 160 p., 17,5 euros)
ISBN : 978-2-343-15306-3, EAN EBOOK : 9782140099274

L'HORIZON VOILÉ
Roman
Babou Diatta

Mbemba, un enseignant qui sert dans une banlieue de Dakar, rencontre, pour la première fois, Marème, une jeune fille qu'il finit par épouser. N'ayant pas pu avoir d'enfant avec elle, il voit ses parents, restés au village, lui imposer une deuxième femme... Cédera-t-il aux exigences de ses parents ? Acceptera-t-il de devenir polygame ? Qu'adviendrait-il de son ménage avec Marème ? Aura-t-il l'héritier tant désiré ?...

(Coll. Harmattan Sénégal, 124 p., 14 euros)
ISBN : 978-2-343-14945-5, EAN EBOOK : 9782140099182

LE LEADERSHIP AU XXIE SIÈCLE
Enjeux éducatifs, communautaires et politiques dans le contexte sénégalais
Alioune Badara Kandji

Cet ouvrage collectif sur le leadership, perçu sous l'angle de la gouvernance territoriale, des politiques de développement local, des enjeux et défis de l'éducation, est un ensemble de réflexions critiques qui répondent aux exigences d'un XXIe siècle caractérisé par des mutations et innovations dans tous les domaines.

(292 p., 29 euros)
ISBN : 978-2-343-14651-5, EAN EBOOK : 9782140099021

LES TIRAILLEURS SÉNÉGALAIS ENTRE LE RHIN ET LA MÉDITERRANÉE (1908-1939)
Parcours d'une aristocratie de la baïonette
Ousseynou Faye

Ce texte reconstitue et donne sens au passé du tirailleur sénégalais qui s'est déroulé en Rhénanie et dans le bassin méditerranéen. Mais l'auteur l'étudie en tant que membre d'un groupe se présentant comme l'élite militaire africaine, avec comme dénominateur commun le fait d'avoir accompli tout ou une partie de son service extérieur en Europe, au Maghreb et au Levant. Au-delà de la référence à la construction de l'éthos, véhicule du complexe de supériorité du marsouin "noir", se trouve posée, in fine, la problématique de l'infériorité culturelle et sociale qui participe de la reproduction élargie de l'ordre dominant.

(Coll. Études africaines, 296 p., 31 euros)
ISBN : 978-2-343-14081-0, EAN EBOOK : 9782140098598

PETITS RIS HEIN
poèmes
Mouhamadou Fallou Diop

Engagés, sincères et surtout d'actualité, les poèmes de ce recueil sont un courageux appel à l'antiterrorisme, à la philogynie, à la protection de l'enfance. L'auteur place ici son ouvrage dans l'évocation et la célébration de certaines des belles choses honorables de la vie comme les sentiments d'amour, d'amitié ou de solidarité.

(Coll. Harmattan Sénégal, 58 p., 10 euros)
ISBN : 978-2-343-15398-8, EAN EBOOK : 9782140098505

MISE EN VALEUR DES AMÉNAGEMENTS HYDRO-AGRICOLES DU BASSIN DE L'ANAMBÉ
Aliou Baldé

La péjoration climatique qui sévit dans la région soudano-sahélienne a remis en cause l'efficacité des méthodes culturales traditionnelles entraînant un important exode rural. Dès lors, l'irrigation s'avère indispensable pour limiter les effets de la sécheresse. C'est dans contexte qu'elle a été introduite dans le bassin de l'Anambé. Après 40 ans d'expérience et malgré les énormes potentialités agro-économiques du bassin et les gros investissements réalisés par l'Etat, les résultats sont décevants. Cet ouvrage cherche à expliquer ce paradoxe et à proposer des solutions efficaces et durables.

(Coll. Harmattan Sénégal, 436 p., 40 euros)
ISBN : 978-2-343-14400-9, EAN EBOOK : 9782140097836

LA PAROLE PUBLIQUE DANS LES MÉDIAS AU SÉNÉGAL
Les discours médiés du politique et du religieux
Birahim Thioune

Ce livre a pour vocation de montrer les ressorts de la médiation par presse interposée et les mécanismes des discours mobilisés, à l'occasion des rapports publics entre acteurs politiques ou médiateurs religieux. Il aborde sous un angle nouveau et différent du traitement journalistique la complexité des échanges langagiers entre acteurs de la scène publique sénégalaise.

(Coll. Harmattan Sénégal, 90 p., 11,5 euros)
ISBN : 978-2-343-15548-7, EAN EBOOK : 9782140097881

NECTAR
Poèmes
Mansour Ngom

"Accourez, monde de plume et de pinceau, / Profitez de mes eaux qui migrent vers vous, /, Qui composent des lettres et des figures. / une invite dans un univers poétique symbolisé par le nectar, / un liquide indispensable dans la production végétale mais / aussi une boisson mythique. / Le sentiment d'une nécessité de communiquer est ici / assimilable aux vagues de la mer / qui se hâtent pour achever des notes.
(Coll. Harmattan Sénégal, 52 p., 11,5 euros)
ISBN : 978-2-343-15546-3, EAN EBOOK : 9782140097829

LES ROSES BLANCHES
Roman
Ousseynou Diagne

Les roses blanches nous place au coeur du Sénégal postcolonial. Ce roman relate l'histoire de Sekou, jeune homme ayant hérité de ses ancêtres des connaissances ésotériques qui lui permettent de prédire l'avenir et de changer le cours des choses. Sekou devient un marabout reconnu et respecté en France. il épouse une femme française et de cette union naîtra une fille qui, au fil du temps, va elle aussi faire face à l'héritage familial après la mort de son père. Que fera-t-elle de cet héritage ?
(Coll. Harmattan Sénégal, 90 p., 12 euros)
ISBN : 978-2-343-15493-0, EAN EBOOK : 9782140097874

IKBANA LA FILLE DE L'EAU
Conte
Tombon Soly
Préface de Mamadou Lamine Diouf

A Hinadou, chaque décade, les sages entrent en conclave dans le sanctuaire de la forêt interdite pour choisir la fille de l'eau de l'année, celle qui sera sacrifiée au génie protecteur du village pour qu'il continue de protéger ses habitants et leur accorde abondance et sécurité.
(Coll. Harmattan Sénégal, 118 p., 13 euros)
ISBN : 978-2-343-15433-6, EAN EBOOK : 9782140097867

COMMENT RÉUSSIR UN CHANTIER DE TRAVAUX PUBLICS ?
Conception, réalisation, gestion et management
Moïse Dembélé
Préface de Gérard Senac

Les projets, grands ou petits, dans tous les domaines mais surtout dans les travaux publics, passeront des étapes inhérentes à leur réussite: leur conception, l'appel à la concurrence pour leur réalisation, leur réalisation suivie de leur livraison au maître d'ouvrage par le biais de réceptions provisoires et définitives. Voici un éclairage pour des responsables d'entreprises afin de leur permettre de maîtriser les procédures des appels à la concurrence et d'exécuter les projets qui leur sont confiés avec efficacité et efficience.
(Coll. Harmattan Sénégal, 318 p., 32 euros)
ISBN : 978-2-343-15343-8, EAN EBOOK : 9782140096686

Structures éditoriales du groupe L'Harmattan

L'Harmattan Italie
Via degli Artisti, 15
10124 Torino
harmattan.italia@gmail.com

L'Harmattan Hongrie
Kossuth l. u. 14-16.
1053 Budapest
harmattan@harmattan.hu

L'Harmattan Sénégal
10 VDN en face Mermoz
BP 45034 Dakar-Fann
senharmattan@gmail.com

L'Harmattan Mali
Sirakoro-Meguetana V31
Bamako
syllaka@yahoo.fr

L'Harmattan Cameroun
TSINGA/FECAFOOT
BP 11486 Yaoundé
inkoukam@gmail.com

L'Harmattan Togo
Djidjole – Lomé
Maison Amela
face EPP BATOME
ddamela@aol.com

L'Harmattan Burkina Faso
Achille Somé – tengnule@hotmail.fr

L'Harmattan Côte d'Ivoire
Résidence Karl – Cité des Arts
Abidjan-Cocody
03 BP 1588 Abidjan
espace_harmattan.ci@hotmail.fr

L'Harmattan Guinée
Almamya, rue KA 028 OKB Agency
BP 3470 Conakry
harmattanguinee@yahoo.fr

L'Harmattan Algérie
22, rue Moulay-Mohamed
31000 Oran
info2@harmattan-algerie.com

L'Harmattan RDC
185, avenue Nyangwe
Commune de Lingwala – Kinshasa
matangilamusadila@yahoo.fr

L'Harmattan Maroc
5, rue Ferrane-Kouicha, Talaâ-Elkbira
Chrableyine, Fès-Médine
30000 Fès
harmattan.maroc@gmail.com

L'Harmattan Congo
67, boulevard Denis-Sassou-N'Guesso
BP 2874 Brazzaville
harmattan.congo@yahoo.fr

Nos librairies en France

Librairie internationale
16, rue des Écoles – 75005 Paris
librairie.internationale@harmattan.fr
01 40 46 79 11
www.librairieharmattan.com

Lib. sciences humaines & histoire
21, rue des Écoles – 75005 Paris
librairie.sh@harmattan.fr
01 46 34 13 71
www.librairieharmattansh.com

Librairie l'Espace Harmattan
21 bis, rue des Écoles – 75005 Paris
librairie.espace@harmattan.fr
01 43 29 49 42

Lib. Méditerranée & Moyen-Orient
7, rue des Carmes – 75005 Paris
librairie.mediterranee@harmattan.fr
01 43 29 71 15

Librairie Le Lucernaire
53, rue Notre-Dame-des-Champs – 75006 Paris
librairie@lucernaire.fr
01 42 22 67 13